U0959119

# 电力企业碳交易实践案例

## ——中国电力减排研究 2023

张　琳　张晶杰　赵小鹭　杨　帆　石丽娜　雷雨蔚　等 / 编著

# Pracitcal Case of Carbon Trading in Power Enterprises

## —— Study on Electric Power Emission Reduction in China 2023

中国环境出版集团 · 北京

图书在版编目（CIP）数据

电力企业碳交易实践案例 ： 中国电力减排研究. 2023 / 张琳等编著. -- 北京 ： 中国环境出版集团, 2024.4

ISBN 978-7-5111-5847-5

Ⅰ. ①电… Ⅱ. ①张… Ⅲ. ①电力工业－二氧化碳－排污交易－案例－中国 Ⅳ. ①F426.61②X511

中国国家版本馆CIP数据核字(2024)第086726号

| | |
|---|---|
| **出 版 人** | 武德凯 |
| **责任编辑** | 黄 颖 |
| **装帧设计** | 宋 瑞 |

| | |
|---|---|
| **出版发行** | 中国环境出版集团<br>（100062 北京市东城区广渠门内大街16号）<br>网 址：http：//www.cesp.com.cn<br>电子邮箱：bjgl@cesp.com.cn<br>联系电话：010-67112765（编辑管理部）<br>010-67147349（第四分社）<br>发行热线：010-67125803，010-67113405（传真）<br>印装质量热线：010-67113404 |
| **印 刷** | 北京中科印刷有限公司 |
| **经 销** | 各地新华书店 |
| **版 次** | 2024年4月第1版 |
| **印 次** | 2024年4月第1次印刷 |
| **开 本** | 787×1092 1/16 |
| **印 张** | 7.25 |
| **字 数** | 100千字 |
| **定 价** | 80.00元 |

# 编写组

张　琳　张晶杰　赵小鹭　杨　帆　石丽娜

雷雨蔚　高云天　刘洪铭　毛　毅　董明伟

黄　清　史伟伟　张　洁　冯田丰　陈　博

罗韶辉　户　平　周华松　何　伟　韩钊博

连　鹏　宋　宁

中国电力减排研究

2023

# 前 言
preface

碳排放权交易市场是利用市场机制控制和减少温室气体排放、推动绿色低碳发展的重大制度创新，也是落实中国二氧化碳排放达峰目标与碳中和愿景的重要政策工具。2021 年 7 月 16 日，全国碳市场（发电行业）启动上线交易，第一个履约周期年度覆盖二氧化碳排放量约 45 亿吨、第二个履约周期覆盖二氧化碳排放量 51 亿吨，成为全球覆盖碳排放量最大的碳市场。经历两年多运行实践，全国碳市场框架基本建立，碳价发现机制作用初步显现，促进发电行业绿色低碳转型和高质量发展。从参与方看，电力行业高度重视、积极推动碳交易机制，通过搭建沟通机制、制定支撑政策、开展调查研究、夯实低碳统计与标准化基础等工作，有力支撑全国碳市场建设。电力企业积极参与碳市场，重视程度逐渐提高，制度机制逐渐完善，人才队伍逐渐壮大，碳交易实践走深走实，为更好地参与碳市场积累了经验、奠定了基础。

为了宣传全国碳市场（发电行业）建设成效，更好地引导电力企业参与碳市场，并为其他行业进入全国碳市场提供经验借鉴，在美国环保协会北京代表处的支持下，中国电力企业联合会（以下简称“中电联”）开展《电力企业碳交易实践案例——中国电力减排研究 2023》，通过征集、梳理和剖析主要电力集团公司及电力企业开展碳市场相关实践典型案例，重点展示电力企业能力建设、数据质量管理、交易履约以及节能降碳技术措施等方面的具体做法，总结经验、提供借鉴。该研究成果是中电联与美国环保协会合作出版的第 17 本年度系列报告，定位上兼具研究性和宣传性，对专业人员和非专业公众了解和把握全国碳市场进展具有借鉴意义和参考价值。

本报告编制过程中，得到生态环境部应对气候变化司的专业指导，以及中国华能集团、中国大唐集团、中国华电集团、国家能源投资集团、国家电投集团、深圳能源集团等单位的大力支持，在此表示感谢。由于时间仓促，且全国碳市场相关政策及发展形势更新变化较快，书中不当及疏漏之处在所难免，敬请读者提出宝贵意见。

本书编写组

2023 年 12 月

# 摘 要
summary

截至 2022 年年底，全国全口径发电装机容量达到 256 794 万千瓦，同比增长 8.0%。其中，水电 41 406 万千瓦，火电 133 329 万千瓦，核电 5 553 万千瓦，并网风电 36 564 万千瓦，并网太阳能发电 39 268 万千瓦；全国全口径非化石能源发电装机容量 122 790 万千瓦，占发电总装机容量的 47.8%，比上年提高 2.7 个百分点。2022 年，全国全口径发电量 88 487 亿千瓦·时，同比增长 3.7%。其中，水电 13 522 亿千瓦·时，火电 58 888 亿千瓦·时，核电 4 178 亿千瓦·时，并网风电 7 627 亿千瓦·时，并网太阳能发电 4 273 亿千瓦·时；全国非化石能源发电量 29 599 亿千瓦·时，占总发电量的 33.5%，比上年提高 1.7 个百分点。2022 年，全国 6 000 千瓦及以上火电厂供电标准煤耗 300.7 克 /（千瓦·时）；全国 6 000 千瓦及以上电厂厂用电率 4.49%；全国线损率 4.82%；全国电力烟尘、二氧化硫、氮氧化物排放量分别约为 9.9 万吨、47.6 万吨、76.2 万吨；全国单位火电发电量烟尘、二氧化硫、氮氧化物排放量分别约为 17 毫克 /（千瓦·时）、83 毫克 /（千瓦·时）、133 毫克 /（千瓦·时）；全国单位火电发电量二氧化碳排放约为 824 克 /（千瓦·时），全国单位发电量二氧化碳排放约为 541 克 /（千瓦·时）。

2022 年以来，党中央、国务院对新形势下电力降碳减污工作提出新要求。其中，党的二十大报告强调“积极稳妥推进碳达峰碳中和”“加快规划建设新型能源体系”“完善碳排放统计核算制度，健全碳排放权市场交易制度”等；中央全面深化改革委员会第二次会议和全国生态环境保护大会，深入阐述新型电力系统突出特征及重点任务。国家发展改革委、生态环境部、国家能源局等部门颁布了多项重大且影响深远的政策文件，涉及能源电力发展规划、能源消费总量控制、可再生能源消纳、全国碳排放权交易、生态保护红线、环境影响评价、排污许可监管、“双碳”标准体系等，为当前乃至未来电力绿色低碳高质量发展明确了路线图和施工图。全国碳市场（发电行业）第二个履约周期总体运行平稳，配额总量适度收紧，成交均价同比提高，抵消机制重新启动，取得了新的成效。

电力企业参与碳交易，积累了丰富经验。本报告筛选出16个典型案例，从统筹管理、数据管控、优化碳交易、低碳技术和创新形式促进低碳发展等方面，为电力及其他行业更好地参与碳市场、开展低碳工作提供借鉴参考。统筹优化碳资产管理方面，主要采取设置“集团总部、二级单位、基层企业、碳资产管理公司”管理架构，明确不同层级、不同岗位职责；将碳交易和碳资产管理纳入发展规划，制定碳交易相关制度办法；明确交易原则目标、细化交易计划策略；开展碳排放管理专业技术培训等。加强碳排放数据管控方面，主要建立碳排放数据质量管理平台，规范和优化燃料采制化方法和技术，搭建试验平台及碳排放在线监测试点，推进煤检实验室认证，建立数字质量管理平台等。研判趋势开展碳交易方面，研判碳市场配额供需情况及价格走势，优先内部平衡、保障整体效益；积极使用自有或采购国家自愿核证减排量（CCER）、开展配额与抵消机制减排量置换搭建成本收益评估模型，为交易决策提供建议。低碳技术助力节能降碳方面，主要采取节能降碳技术改造、供热改造、工业供气改造和优化机组运行、推进新燃料耦合发电、碳捕集利用与封存技术等，实现碳排放强度的下降。创新形式促进低碳发展方面，探索构建“电碳计算模型”，利用电力大数据获得及时、准确、可靠的分地区、分行业高频碳排放数据；修复和恢复红树林生态系统，推动退塘还湿还林工作。

结合国家“双碳”目标及新型电力系统建设要求，研究提出促进全国碳市场发展的政策建议：一是建立适应新型电力系统的全国碳市场配额分配长效机制；二是以价格、信息协同为重点推进碳市场与电力市场协同发展；三是优化发电行业参与全国碳市场的监测、报告与核查（MRV）机制；四是重视并参与温室气体自愿减排相关工作；五是加强行业协会开展碳市场行为自律；六是多措并举推动发电企业参与碳市场能力水平。

# Abstract

By the end of 2022, the full-scale installed power generation capacity of the nation had reached 2.57 TW and increased 8.0% year-on-year. 414 GW of which was hydro power generation capacity, 1.33 TW was thermal power generation capacity, 5.55 GW was nuclear power generation capacity, 366 GW was grid-connected wind power generation capacity, and 393 GW was grid-connected solar power generation capacity. The full-scale installed capacity of non-fossil energy power generation has reached 1.23 TW and increased 2.7% year-on-year, accounting for 47.8% of the total installed capacity.

In 2022, the full-scale power generation of the nation had reached 8,848.7 TWh and increased 3.7% year-on-year. 1,352.2 TWh of which was hydro power generation, 5,888.8 TWh was thermal power generation, 417.8 TWh was nuclear power generation, 762.7 TWh was grid-connected wind power generation, and 427.3 TWh was grid-connected solar power generation. Non-fossil energy power generation had reached 2,959.9 TWh and increased 1.7% year-on-year, accounting for 33.5% of the total power generation.

In 2022, for the thermal power plants with 6000 kW and plus capacity in the nation, the standard coal consumption was 300.7 g/kW·h. plant power consumption rate was 4.49%. The national line loss rate was 4.82%. The total emissions of fume and dust, sulfur dioxide and nitrogen oxide of the national electricity generation sector were approximately 99,000 tons, 476,000 tons and 762,000 tons, respectively, while the emission intensity of fume and dust, sulfur dioxide and nitrogen oxides were 17 mg/(kW·h), 83 mg/(kW·h), and 133 mg/(kW·h), respectively. The emission intensity of carbon dioxide for the thermal power generation was approximately 824 g/(kW·h), and for the power generation was approximately 541 g/(kW·h).

Since 2022, the Central Committee of Communist Party of China (CPC) and the State Council have raised new requirements for reduction of pollution and carbon emission in the power industry under the new situation. The report of the 20th CPC National Congress stressed that we will work "actively and prudently toward the goals of carbon peaking and carbon neutrality", we will "accelerate the planning and construction of a new energy system", we will " improve the statistical and accounting system and the cap-and-trade system for carbon emissions." The Second meeting of the Commission for Deepening Reform of the CPC Central Committee and the National Conference on Ecological and Environmental Protection have thoroughly elaborated the prominent features and key tasks of the new power system. The National Development and Reform Commission (NDRC), the Ministry of Ecology and Environment (MEE), the National Energy Administration (NEA) and other authorities have issued a series of significant and far-reaching policies, including the planning on energy and power development, the control on total energy consumption, renewable energy consumption, the national emission trading system (ETS), ecological protection red lines, assessments of environmental impact, supervisions on emission permit, and standard systems related to carbon peaking and carbon neutrality. These policies have clarified the path for the green, low-carbon and high-quality development of the power industry.

In general, the second compliance cycle of the national ETS, which only covered the power generation industry by then, operates smoothly. The allowance allocation has been tightened moderately, the average transaction price has increased year-on-year, and the offset mechanism has been restarted.

Power generation enterprises have accumulated rich experience by participating in carbon market. This book has selected 16 typical cases to provide reference for the power industry and other industries to better participate in the national ETS and for the low carbon development. In particular, we covered the aspects of overall management, data control, optimization of carbon trading, low-carbon technology, and innovative ways of low-carbon development.

In terms of optimizing the overall management of carbon assets, it is recommended to adopt a management structure as "group headquarters - secondary subsidiary - primary level enterprises - carbon asset management companies" to clarify the responsibilities of different levels and positions, incorporate carbon trading and carbon asset management into the development plan, formulate relevant systems and methods for carbon trading, clarify trading principles and objectives, refine trading strategies, and conduct training on carbon emission management.

In terms of strengthening the control of carbon emission data, it is recommended to establish a carbon emission data quality management platform, standardize and optimize the methods and technologies of fuel extraction, set up a test platform and pilot project for continuous emissions monitoring, promote the certification of coal testing laboratory, and establish a digital quality management platform.

In terms of carbon trading, it is recommended to study the supply and demand of allowances and the price trajectories in the national ETS, prioritize the allowance balance within the power group and ensure the overall benefit, actively use self-owned or purchased CCER to offset and conserve allowance, build a cost-benefit evaluation model to provide recommendations for trading decision.

In terms of utilizing low-carbon technology to assist energy conservation and carbon emissions reduction, the main measures include technology transformations on energy conservation and carbon emissions reduction, heat supply, and industrial gas supply; the optimization of power generation unit operation; promotion of new fuel coupled power generation, carbon capture and utilization and storage technology, and etc., to reduce the carbon emission intensity.

In terms of promoting low-carbon development through innovative ways, it is recommended to model of the carbon emission by electricity consumption, and use big data of electricity to obtain timely, accurate and reliable high-frequency carbon emission data by different regions and industries; repair and restore the mangrove ecosystem, and return aquafarm to wetland and forest.

Based on China's "dual carbon" goals and the requirements for the construction of a new power system, this book proposes following policy recommendations to promote the development of the national ETS: First, establish a long-term mechanism for allowance allocation in the national ETS that considers the characteristics of the new power system. Second, promote the coordinated development of carbon market and electricity market with a focus on price and information coordination. Third, optimize the monitoring, reporting, and verification mechanism of the national ETS for power generation industry. Fourth, attach importance to and participate in the voluntary greenhouse gas emission reduction activities. Fifth, strength industry associations to push forward carbon market self-regulation activities. Sixth, take multiple measures to enhance capacities of power generation enterprises to participate in the carbon market.

目录 contents

第一部分

# 中国电力发展概况及绿色低碳发展情况

# 1 中国电力发展概况

## 1.1 电力生产

**装机容量。**根据《中国电力统计年鉴2022》，截至2022年年底，全国全口径发电装机容量为256 794万千瓦，同比增长8.0%。其中，水电装机容量为41 406万千瓦，同比增长5.9%（抽水蓄能为4 579万千瓦，同比增长25.8%）；火电装机容量为133 329万千瓦，同比增长2.8%（燃煤发电装机容量为112 434万千瓦，同比增长1.3%；燃气发电装机容量为11 565万千瓦，同比增长6.2%）；核电装机容量为5 553万千瓦，同比增长4.3%；并网风电装机容量为36 564万千瓦，同比增长11.2%；并网太阳能发电装机容量为39 268万千瓦，同比增长28.1%。中国人均装机容量为1.82千瓦，比上年增加0.14千瓦。

2010—2022年全国全口径发电装机容量及增速、各类型发电装机容量占比、人均装机容量变化情况分别见图1–1～图1–3。

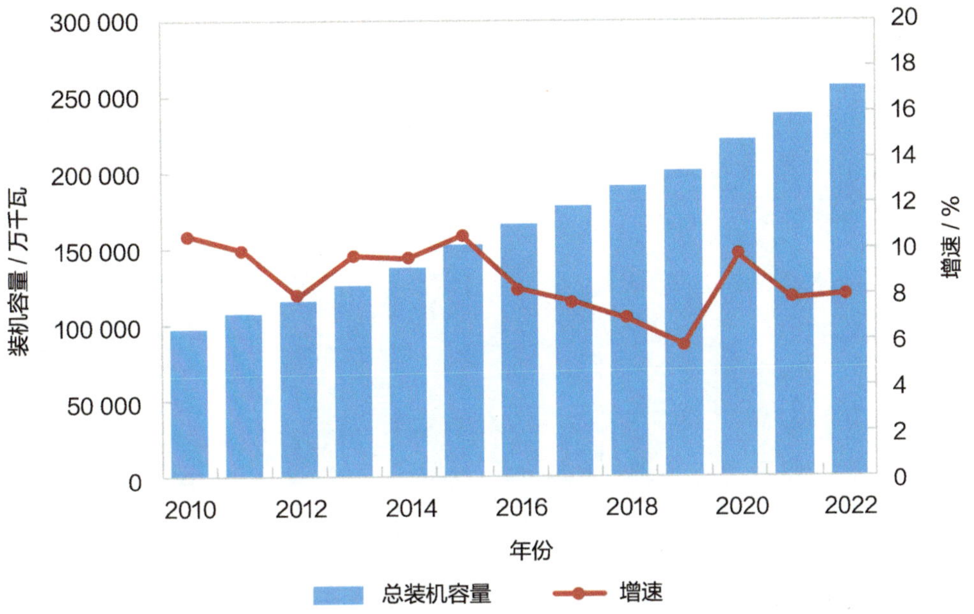


图1-1　2010—2022年全国全口径发电装机容量及增速

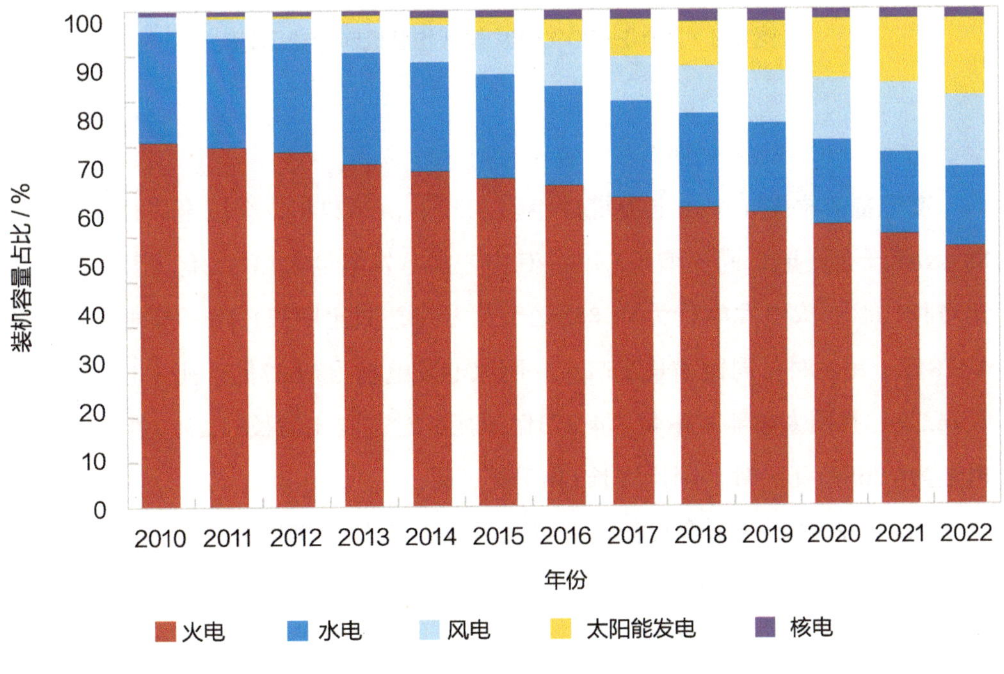


图1-2　2010—2022年全国各类型发电装机容量占比

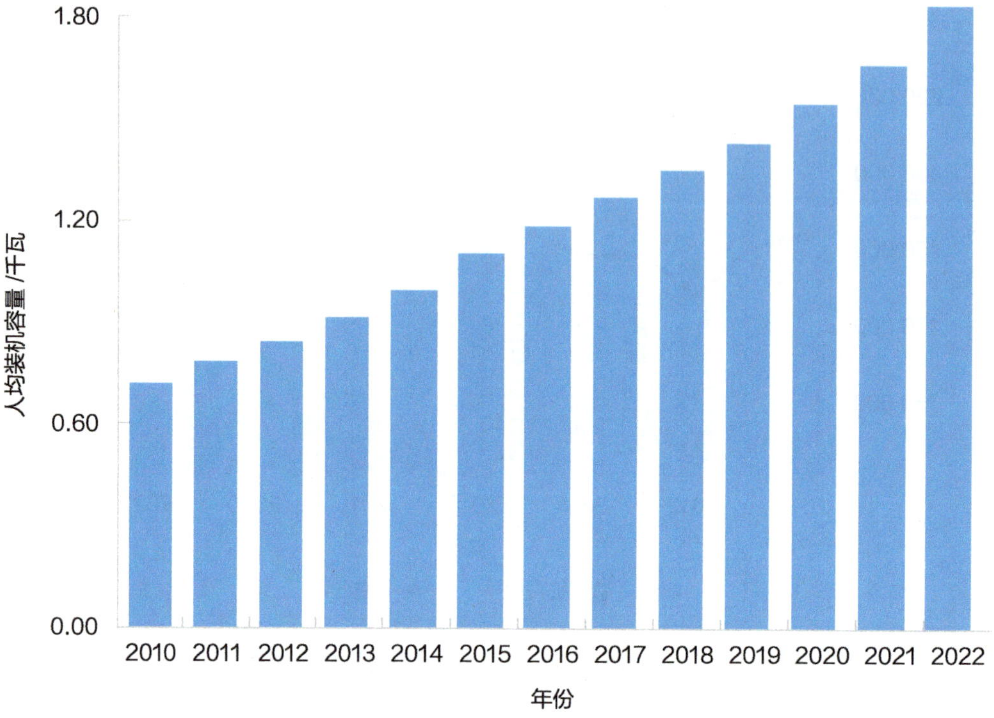


图1-3 2010—2022年中国人均装机容量变化情况

**发电量。**根据《中国电力统计年鉴2022》，2022年，全国全口径发电量为88 487亿千瓦·时，同比增长3.7%。其中，水电发电量为13 522亿千瓦·时，同比增长1.0%；火电发电量为58 888亿千瓦·时，同比增长1.4%；核电发电量为4 178亿千瓦·时，同比增长2.5%；并网风电发电量为7 627亿千瓦·时，同比增长16.2%；并网太阳能发电量为4 273亿千瓦·时，同比增长31.2%。中国人均发电量为6 268千瓦·时，同比增长338千瓦·时。

2010—2022年全国全口径发电量及增速、各类型发电量占比、人均发电量变化情况分别见图1-4～图1-6。

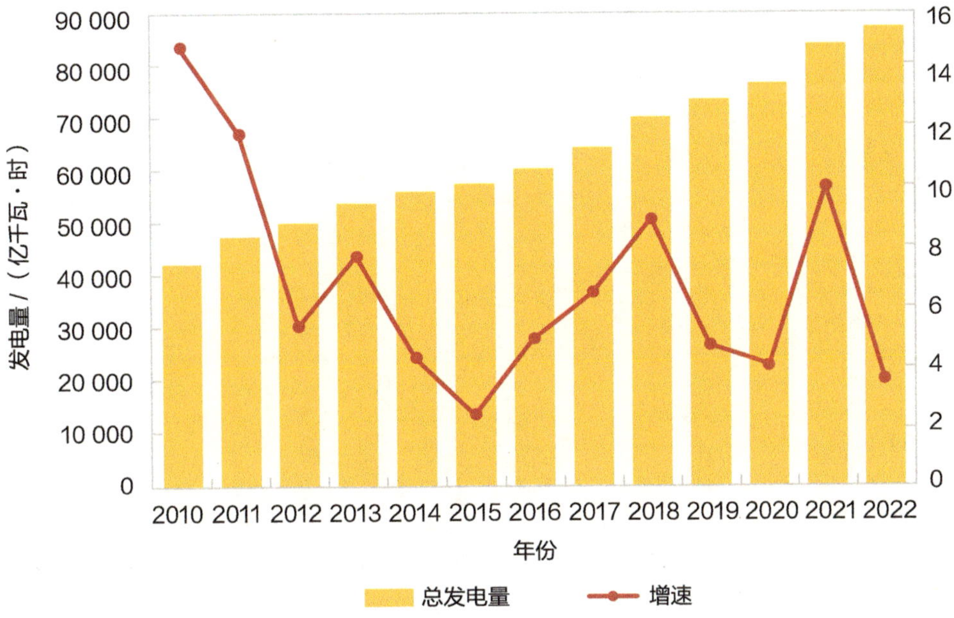


图1-4　2010—2022年全国全口径发电量及增速

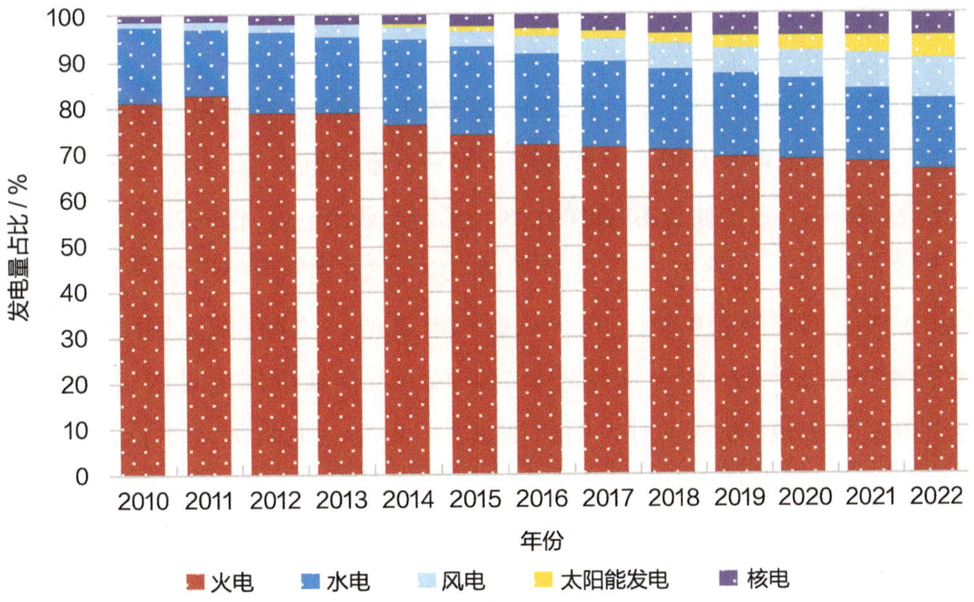


图1-5　2010—2022年全国各类型发电量占比

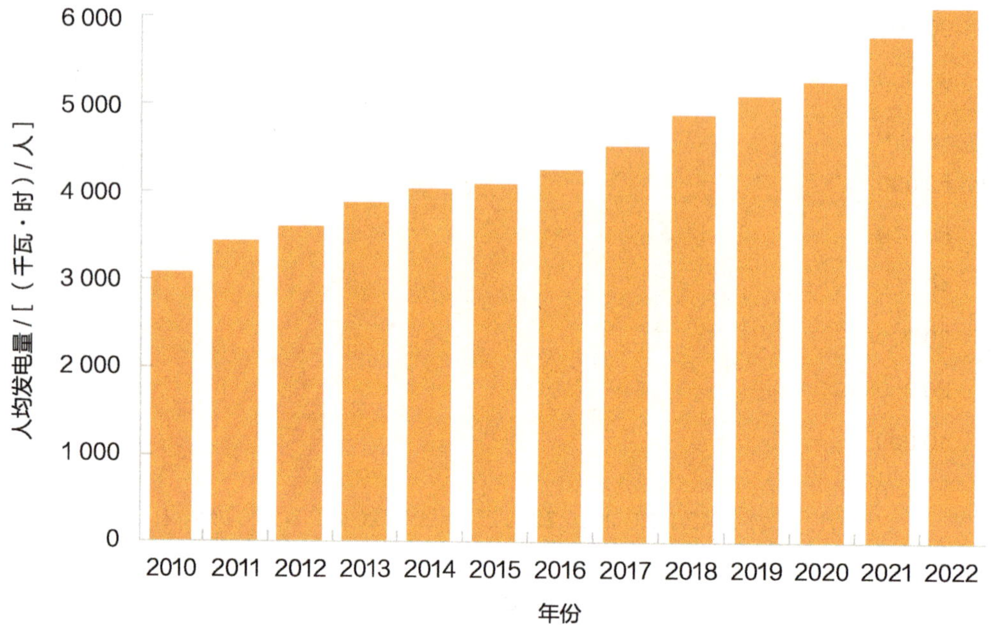


图1-6　2010—2022年中国人均发电量变化情况

## 1.2　电力消费

根据《中国电力统计年鉴2022》，2022年，全国全社会用电量为86 369亿千瓦·时，同比增长3.6%。分产业看，第一产业用电量为1 147亿千瓦·时，同比增长10.4%，占全社会用电量的1.3%；第二产业用电量为56 991亿千瓦·时，同比增长1.2%，占全社会用电量的66.0%；第三产业用电量为14 862亿千瓦·时，同比增长4.5%，占全社会用电量的17.2%；城乡居民生活用电量为13 369亿千瓦·时，同比增长13.6%，占全社会用电量的15.5%。人均用电量为6 116千瓦·时，同比增加217千瓦·时；人均生活用电量为947千瓦·时，同比增加171千瓦·时。

2010—2022年全国全社会用电量及增速见图1-7；2021年和2022年全国电力消费结构见图1-8；2010—2022年中国人均用电量和人均生活用电量变化情况见图1-9。

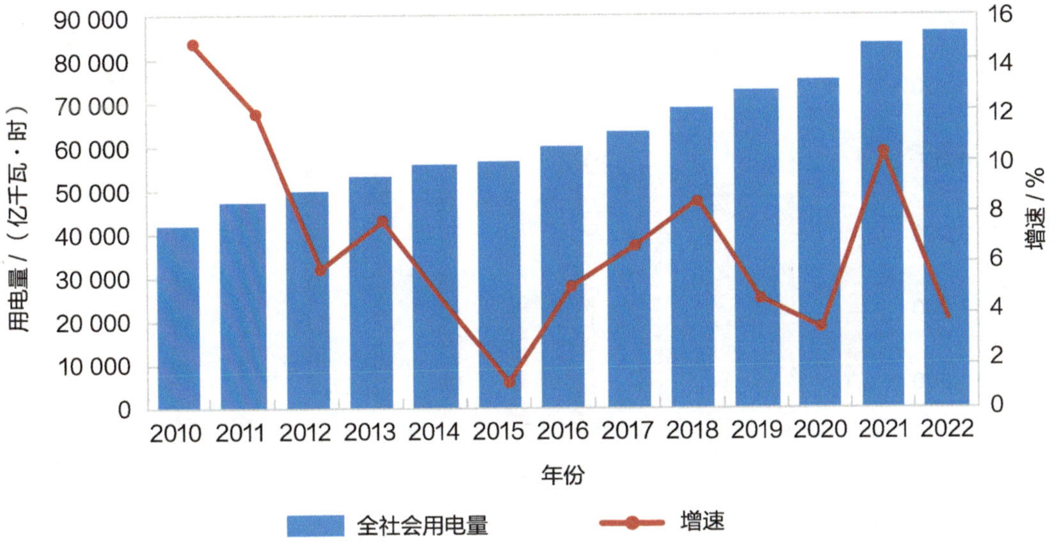


图1-7　2010—2022年全国全社会用电量及增速

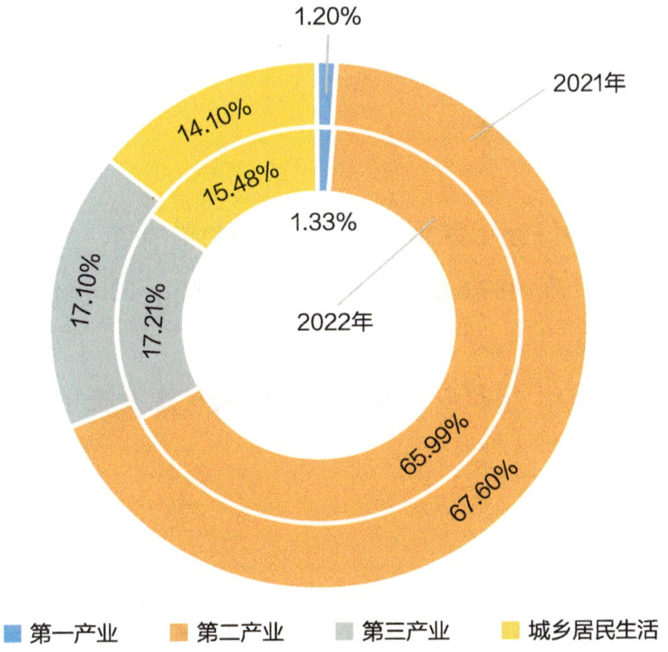


图1-8　2021年和2022年全国电力消费结构

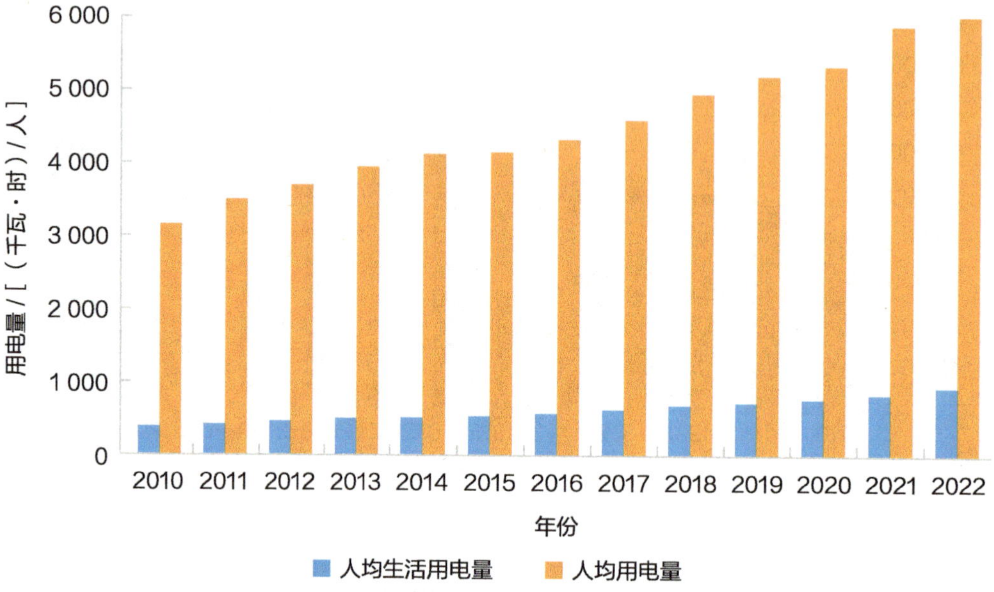


图1-9　2010—2022年中国人均用电量和人均生活用电量变化情况

## 1.3　电网规模及等级

根据《中国电力统计年鉴2022》，截至2022年年底，全国电网220千伏及以上输电线路回路长度为87.6万千米，同比增长2.6%；220千伏及以上变电设备容量为51.3亿千伏安，同比增长3.4%。

2022年全国220千伏及以上输电线路回路长度及变电设备容量情况见表1-1。

**表1-1　2022年全国输电线路回路长度及变电设备容量情况**

| 电压等级 | | 输电线路回路长度 | | 变电设备容量 | |
|---|---|---|---|---|---|
| | | 长度 / 万千米 | 增长率 / % | 容量 / 亿千伏安 | 增长率 / % |
| 35千伏及以上各电压等级合计 | | 237.4 | 1.8 | 77.3 | 3.3 |
| 220千伏及以上各电压等级合计 | | 87.6 | 2.6 | 51.3 | 3.4 |
| 其中 | 1 000千伏 | 1.5 | 2.4 | 2.0 | 1.5 |
| | ±800千伏 | 3.0 | 8.0 | 3.2 | 5.4 |
| | 750千伏 | 2.8 | 3.8 | 2.3 | 6.4 |
| | 500千伏 | 21.7 | 2.2 | 17.2 | 4.5 |
| | ±500千伏 | 1.5 | 5.5 | 1.3 | 1.0 |
| | 330千伏 | 3.7 | 1.7 | 1.5 | 9.4 |
| | 220千伏 | 51.9 | 2.4 | 23.3 | 2.2 |

# 2 电力绿色低碳发展情况

## 2.1 电源结构优化

### 2.1.1 非化石能源发电

根据《中国电力统计年鉴2022》，截至2022年年底，全国全口径非化石能源发电装机容量为127 601万千瓦，同比增长14.1%，占总装机容量的49.7%，比上年提高2.7个百分点，电力延续绿色低碳转型趋势。2022年，非化石能源发电量为29 599亿千瓦·时，同比增长8.5%，占总发电量的33.5%，比上年提高1.5个百分点。

2010—2022年全国非化石能源发电装机容量及比重见图2–1；全国非化石能源发电量及比重见图2–2。

### 2.1.2 火力发电

根据《中国电力统计年鉴2022》，截至2022年年底，全国火电装机容量为133 329万千瓦，同比增长2.8%。从类型上看，燃煤发电装机容量为112 434万千瓦，同比增长1.3%；燃气发电装机容量为11 565万千瓦，同比增长6.2%；其他火电类型（包括余温余气余压发电、生物质发电、燃油发电等）装机容量为

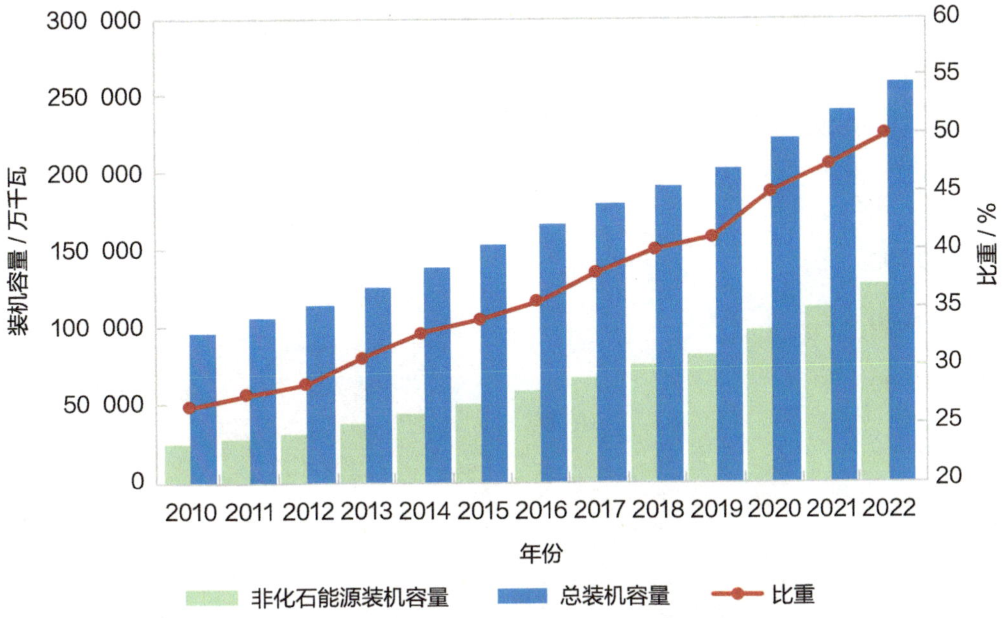


图2-1 2010—2022年全国非化石能源发电装机容量及比重

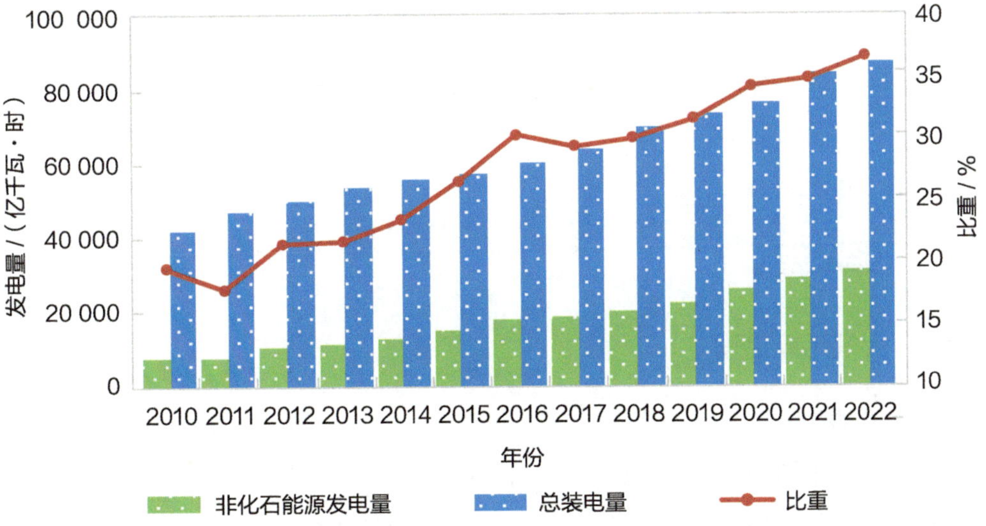


图2-2 2010—2022年全国非化石能源发电量及比重

9 330万千瓦，同比增长18.2%。2022年，全国火电发电量为58 888亿千瓦·时，同比增长1.4%，占总发电量的66.5%，比上年下降1.5个百分点。

2010—2022年全国火电装机容量及比重见图2-3。

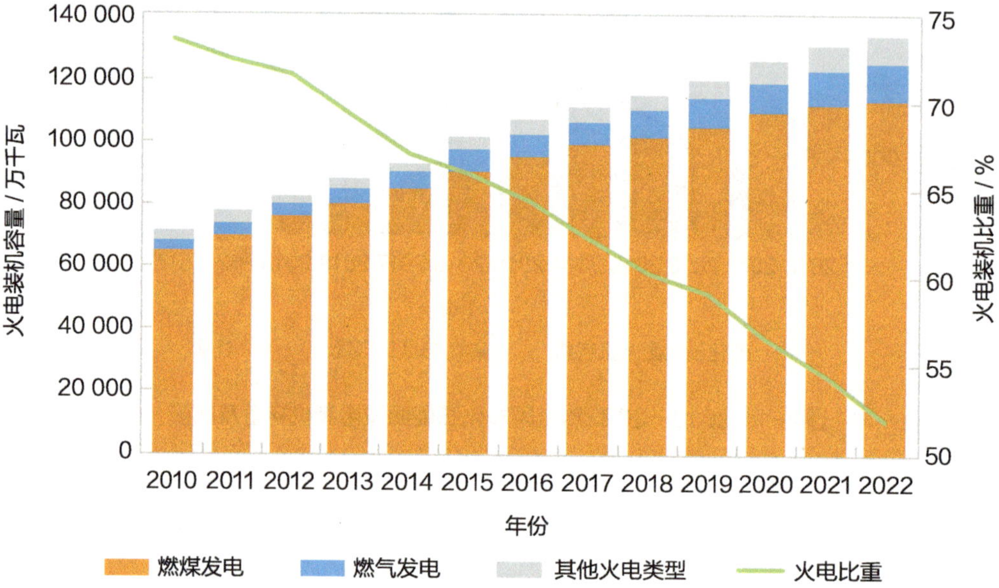


图2-3 2010—2022年全国火电装机容量及比重

## 2.2 污染控制[1]

### 2.2.1 大气污染治理

（1）烟尘

根据《中国电力统计年鉴2022》，2022年，全国火电烟尘排放总量约为9.9万吨，同比下降约19.4%；单位火电发电量烟尘排放量约为17毫克/（千

1 本报告中，电力污染控制特指火电厂主要污染物控制。

瓦·时），同比下降约5毫克/（千瓦·时）。

2000—2022年火电烟尘排放情况见图2-4。

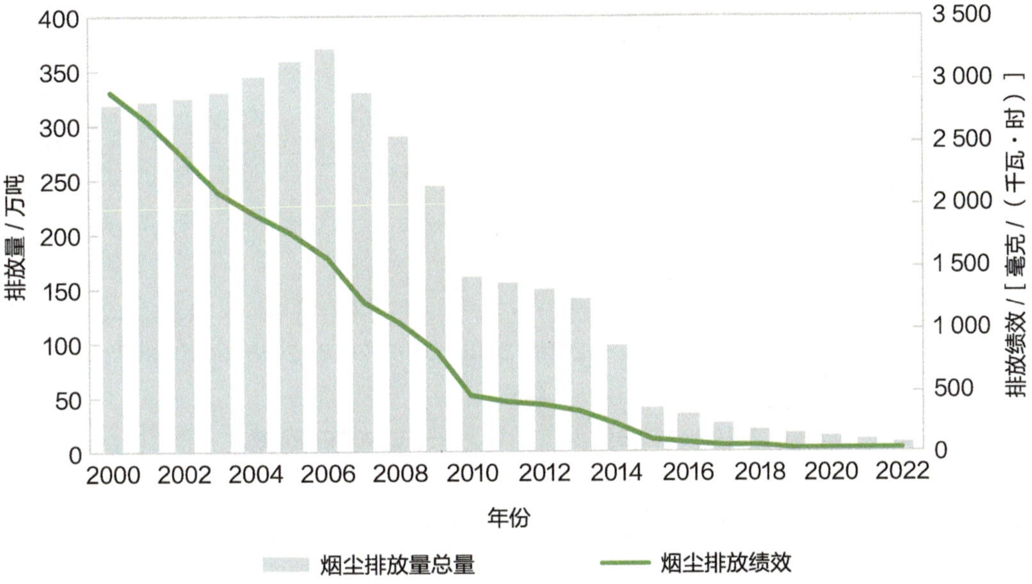


图2-4　2000—2022年火电烟尘排放情况[1]

（2）二氧化硫

2022年，全国火电二氧化硫排放量约为47.6万吨，同比下降约13.0%；单位火电发电量二氧化硫排放量约为83毫克/（千瓦·时），同比下降约18毫克/（千瓦·时）。

2000—2022年火电二氧化硫排放情况见图2-5。

1　烟尘排放量统计范围为全国装机容量6 000千瓦及以上火电厂。

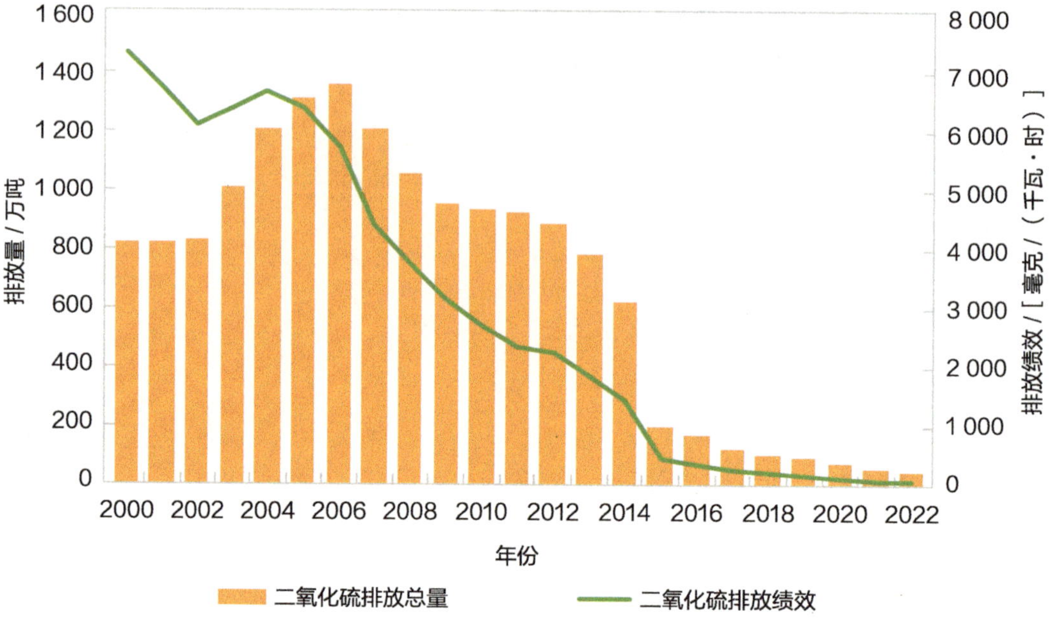


图2-5　2000—2022年火电二氧化硫排放情况[1]

（3）氮氧化物

2022年，全国火电氮氧化物排放量约为76.2万吨，同比下降约为11.6%；单位火电发电量氮氧化物排放量约为133毫克/（千瓦·时），同比下降约为19毫克/（千瓦·时）。

2005—2022年火电氮氧化物排放情况见图2-6。

---

1　电力二氧化硫排放量统计范围为全国装机容量6 000千瓦及以上火电厂。

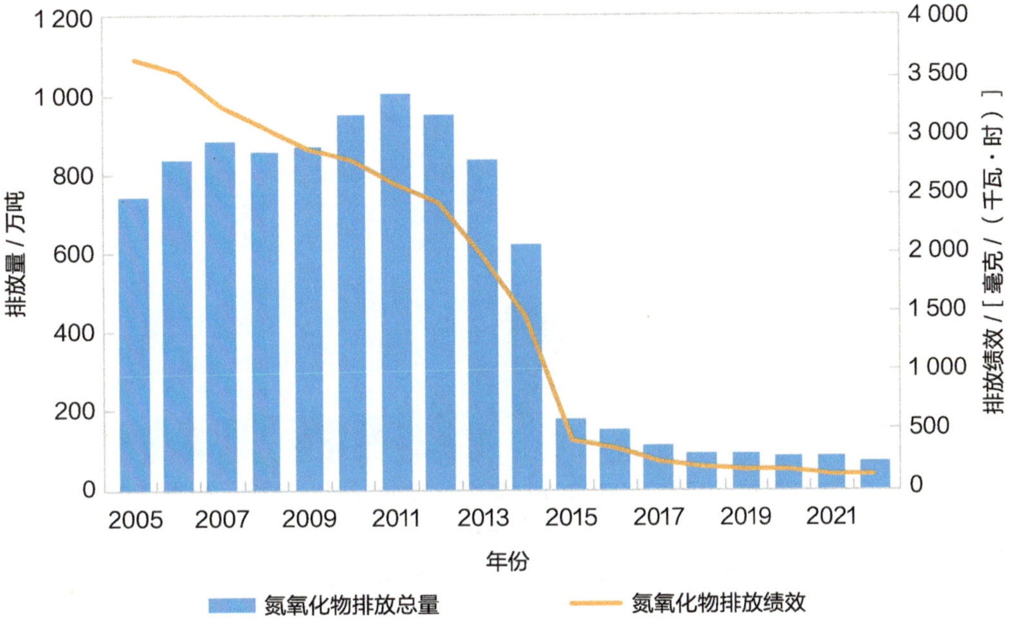


图2-6　2005—2022年火电氮氧化物排放情况[1]

## 2.2.2　废水治理

根据《中国电力统计年鉴2022》，2022年，全国火电厂废水排放量约2.6亿吨，同比下降约12.1%；单位火电发电量废水排放量约50克/（千瓦·时），同比下降2克/（千瓦·时）。

2000—2022年全国火电厂废水排放情况见图2-7。

[1] 火电氮氧化物排放量统计范围为全国装机容量6 000千瓦及以上火电厂。

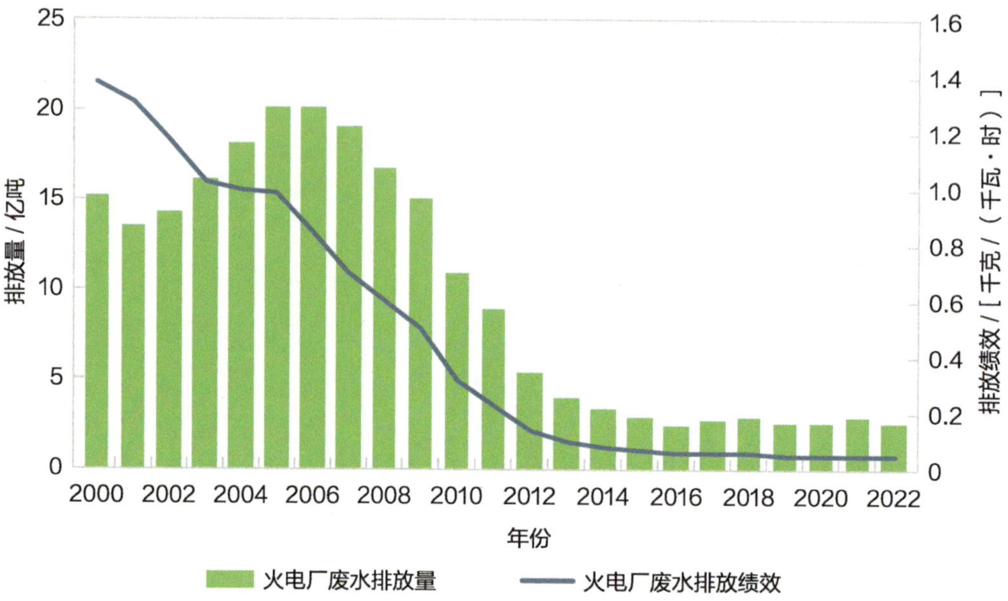


图2-7　2000—2022年全国火电厂废水排放情况[1]

## 2.3　资源节约

### 2.3.1　节能降耗

根据中电联统计年报，2022年，全国6 000千瓦及以上火电厂供电标准煤耗为300.7克/（千瓦·时），同比降低1.0克/（千瓦·时）；全国线路损失率为4.82%，同比降低0.43个百分点。

2001—2022年全国6 000千瓦及以上电厂供电标准煤耗和全国线路损失率变化情况见图2-8。

[1] 火电废水排放统计范围为全国装机容量6 000千瓦及以上火电厂。

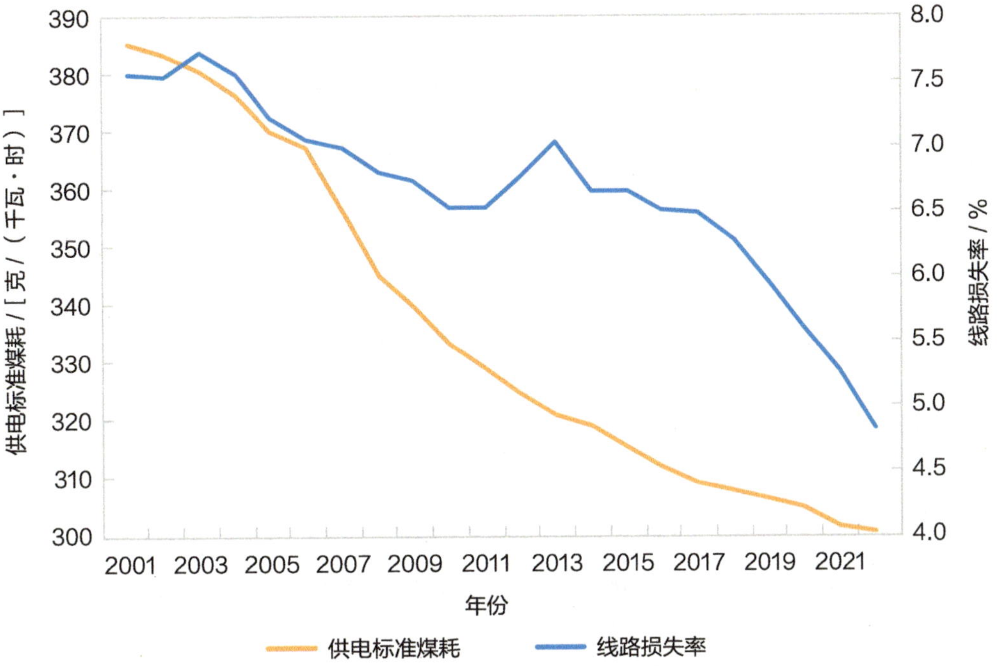


图2-8　2001—2022年全国6 000千瓦及以上电厂供电标准煤耗
和全国线路损失率变化情况

### 2.3.2　水资源节约

根据《中国电力统计年鉴2022》，2022年，全国火电厂单位发电量耗水量为1.17千克/（千瓦·时），同比降低0.01千克/（千瓦·时）。

2000—2022年全国火电厂单位发电量耗水量见图2-9。

### 2.3.3　固体废物综合利用

（1）粉煤灰

根据《中国电力统计年鉴2022》，2022年，全国火电厂粉煤灰产生量约6.43亿吨，同比增加0.21亿吨；综合利用量约4.35亿吨，同比减少0.07亿吨；综合利用率为67.6%，同比下降3.6个百分点。

2010—2022年全国火电厂粉煤灰产生与利用情况见图2-10。

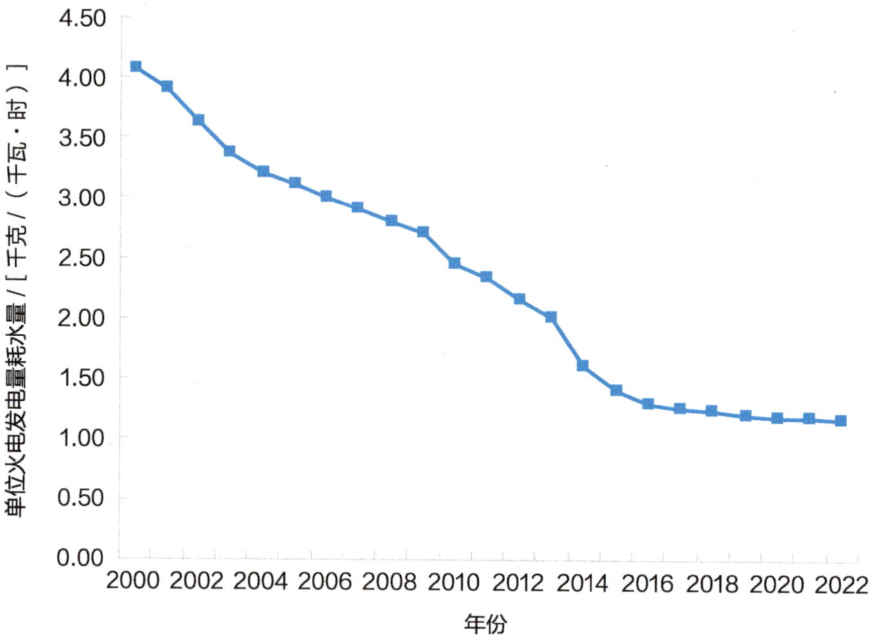


图2-9　2000—2022年全国火电厂单位发电量耗水量

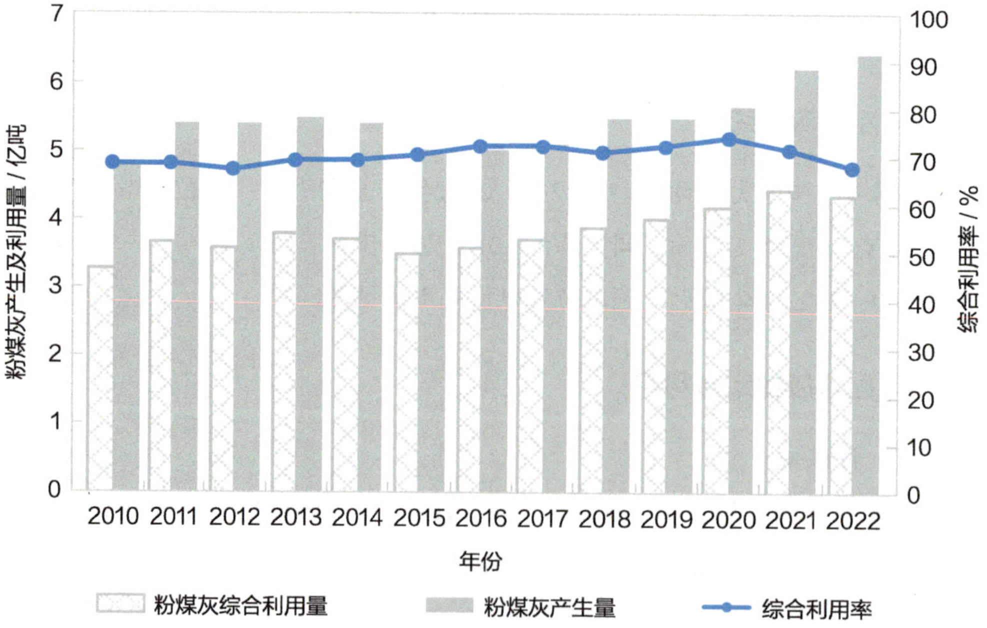


图2-10　2010—2022年全国火电厂粉煤灰产生与利用情况

（2）脱硫石膏

根据中电联统计年报，2022年，全国火电厂脱硫石膏产生量约9 490万吨，同比增加305万吨；综合利用量约6 650万吨，同比减少约20万吨；综合利用率70.1%，同比下降2.5个百分点。

2010—2022年全国火电厂脱硫石膏产生与利用情况见图2-11。

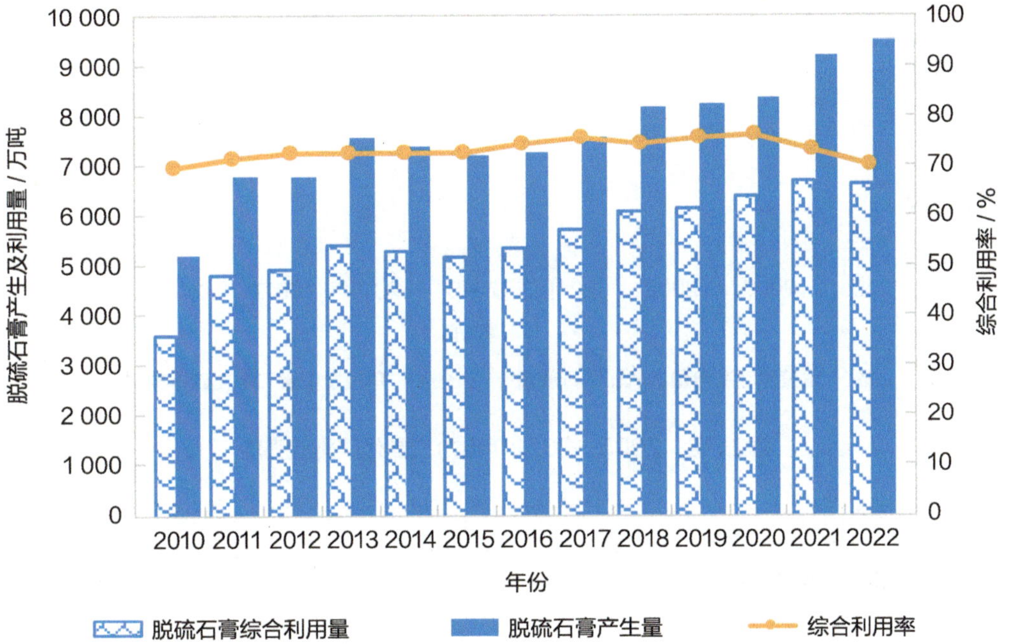


图2-11　2010—2022年全国火电厂脱硫石膏产生与利用情况

## 2.4　应对气候变化

### 2.4.1　碳排放强度

根据《中国电力统计年鉴2022》，2022年，全国单位火电发电量二氧化碳排放约824克/（千瓦·时），同比降低0.48%，比2005年降低21.4%；单位发电量二氧化碳排放约541克/（千瓦·时），同比降低3.0%，比2005年降低36.9%。

2005—2022年电力二氧化碳排放强度见图2-12。

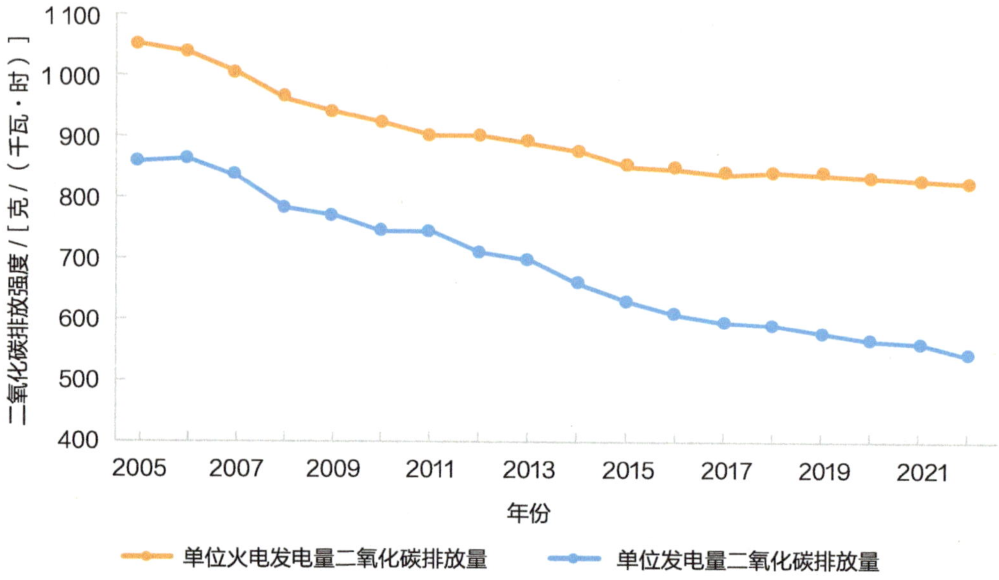


图2-12　2005—2022年电力二氧化碳排放强度

## 2.4.2　碳削减量

根据《中国电力统计年鉴2022》，以2005年为基准年，2006—2022年，通过发展非化石能源、降低供电煤耗和线损率等措施，电力行业累计减少二氧化碳排放约247.3亿吨，有效减缓了电力二氧化碳排放总量的增长。其中，发展非化石能源发电贡献率为57.3%，降低供电煤耗贡献率为40.5%，降低线损率贡献率为2.2%。

2006—2022年各种措施减少二氧化碳排放情况（以2005年为基准年）见图2-13；各种措施减少二氧化硫排放贡献率（以2005年为基准年）见图2-14。

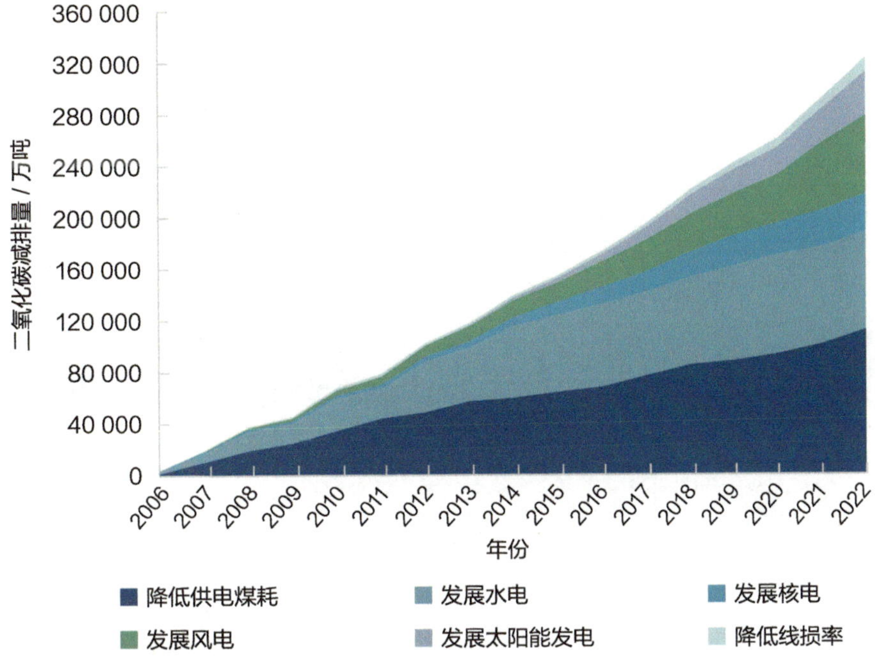


图2-13　2006—2022年各种措施减少二氧化碳排放情况（以2005年为基准年）

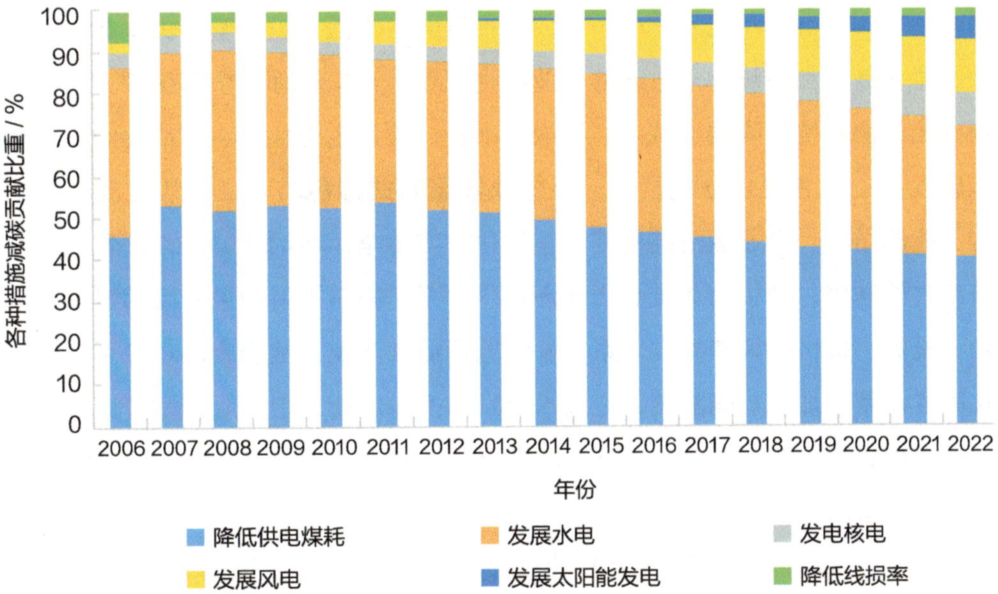


图2-14　2006—2022年各种措施减少二氧化硫排放贡献率（以2005年为基准年）

# 3 新出台的电力节能环保低碳主要法规政策

## 3.1 中央文件

2022年10月16日，习近平总书记在党的二十大报告中提出“推动绿色发展，促进人与自然和谐共生……我们要推进美丽中国建设，坚持山水林田湖草沙一体化保护和系统治理，统筹产业结构调整、污染治理、生态保护、应对气候变化，协同推进降碳、减污、扩绿、增长，推进生态优先、节约集约、绿色低碳发展。”主要任务包括：**一是加快发展方式绿色转型。**加快推动产业结构、能源结构、交通运输结构等调整优化。实施全面节约战略，推进各类资源节约集约利用，加快构建废弃物循环利用体系。完善支持绿色发展的财税、金融、投资、价格政策和标准体系，发展绿色低碳产业，健全资源环境要素市场化配置体系，加快节能降碳先进技术研发和推广应用，倡导绿色消费，推动形成绿色低碳的生产方式和生活方式。**二是深入推进环境污染防治。**持续深入打好蓝天、碧水、净土保卫战。加强污染物协同控制，基本消除重污染天气。统筹水资源、水环境、水生态治理，推动重要江河湖库生态保护治理，基本消除城市黑臭水体。加强土壤污染源头防控，开展新污染物治理。提升环境基础设施建设水平，推进城乡人居环境整治。**三是提升生态系统多样性、稳定性、持**

**续性。**加快实施重要生态系统保护和修复重大工程。推进以国家公园为主体的自然保护地体系建设。实施生物多样性保护重大工程。科学开展大规模国土绿化行动。深化集体林权制度改革。推行草原森林河流湖泊湿地休养生息，实施好长江十年禁渔，健全耕地休耕轮作制度。建立生态产品价值实现机制，完善生态保护补偿制度。加强生物安全管理，防治外来物种侵害。**四是积极稳妥推进碳达峰碳中和。**立足我国能源资源禀赋，坚持先立后破，有计划、分步骤实施碳达峰行动。完善能源消耗总量和强度调控，重点控制化石能源消费，逐步转向碳排放总量和强度“双控”制度。深入推进能源革命，加强煤炭清洁高效利用，加大油气资源勘探开发和增储上产力度，加快规划建设新型能源体系，统筹水电开发和生态保护，积极安全有序发展核电，加强能源产供储销体系建设，确保能源安全。完善碳排放统计核算制度，健全碳排放权市场交易制度。提升生态系统碳汇能力。积极参与应对气候变化全球治理。

2023年7月11日，习近平总书记主持召开中央全面深化改革委员会第二次会议，审议通过了《关于推动能耗双控逐步转向碳排放双控的意见》《关于深化电力体制改革加快构建新型电力系统的指导意见》等文件；强调要立足我国生态文明建设已进入以降碳为重点战略方向的关键时期，完善能源消耗总量和强度调控，逐步转向碳排放总量和强度“双控”制度；要深化电力体制改革，加快构建清洁低碳、安全充裕、经济高效、供需协同、灵活智能的新型电力系统，更好地推动能源生产和消费革命，保障国家能源安全。

2023年7月18日，习近平总书记出席全国生态环境保护大会并发表重要讲话，指出要正确处理好高质量发展和高水平保护、重点攻坚和协同治理、自然恢复和人工修复、外部约束和内生动力及“双碳”承诺和自主行动5个方面的关系。其中，承诺的“双碳”目标是确定不移的，但达成这一目标的路径和方式、节奏和力度则应该而且必须由我们自己做主，决不受他人左右。习近平总书记强调，要积极稳妥推进碳达峰碳中和，坚持全国统筹、节约优先、双轮驱动、内外畅通、防范风险的原则，落实好碳达峰碳中和“1+N”政策体系，构建清洁、低碳、安全、高效的能源体系，加快构建新型电力系统，提升国家油气安全保障能力。

## 3.2 法规政策

2022年12月19日，生态环境部办公厅发布《关于印发〈企业温室气体排放核算与报告指南 发电设施〉〈企业温室气体排放核查技术指南 发电设施〉的通知》（环办气候函〔2022〕485号）。本次修订主要内容可以概括为“两简化、两完善、三增加”。其中，“两简化”的具体内容：一是将计算方法复杂的供电量替换为直接读表的发电量，实现数据可溯源、可核准；二是压缩核算技术参数链条，将供热比等5个参数改为报告项，将碳排放报告核查涉及的公式进行了大幅简化和优化，从27个减少到12个。部分非必须参数也从“重点参数”降级为“辅助参数”，不再纳入核查工作范围。“两完善”的具体内容：一是进一步完善数据质量控制计划内容，规范企业碳排放相关参数的获取，避免企业核算与报告的随意性，提升企业内部管理水平；二是进一步完善信息化存证的管理要求，对数据内部质量控制和质量保证相关规定作出了进一步明确。本次修订专门提出了对碳排放量、配额影响较大的燃料消耗量、低位发热量、元素含碳量、购入使用电量、发电量、供热量、运行小时数和负荷（出力）系数8个重点参数，将纳入下一步日常监管和年度核查工作重点。同时，提出了供热比、供热煤（气）耗、发电煤（气）耗、供热碳排放强度、发电碳排放强度、上网电量、煤种、煤炭购入量和煤炭来源（产地、煤矿名称）9个“仅报告、不核查”的辅助参数，用于识别重点参数的异常。“三增加”的具体内容：增加上网电量作为报告项，新增生物质掺烧热量占比计算方法，新增非常规燃煤机组单位热值含碳量缺省值。

2023年3月13日，生态环境部印发《关于做好2021、2022年度全国碳排放权交易配额分配相关工作的通知》（国环规气候〔2023〕1号）。分配方法在整体上保持了政策的延续性和稳定性，同时结合党的二十大新精神新形势新任务和行业技术进步等实际情况作出调整优化：一是实行配额年度管理，日常管理更加精细；二是首次引入平衡值，信息发布更加透明；三是优化配额分配基准值设置，政策导向更加明确；四是调整机组负荷（出力）系数修正系数适用范围，民生保障政策更加突出；五是减轻基层和企业负担，惠企措施更加丰富。各类别机组碳排放基准值见表3-1。

表3-1　各类别机组碳排放基准值

| 序号 | 机组类别 | 供电/［吨二氧化碳/（兆瓦·时）］ | | | 供热/（吨二氧化碳/吉焦） | | |
|---|---|---|---|---|---|---|---|
| | | 2021年平衡值 | 2021年基准值 | 2022年基准值 | 2021年平衡值 | 2021年基准值 | 2022年基准值 |
| 1 | 300 兆瓦等级以上常规燃煤机组 | 0.8 210 | 0.8 218 | 0.8 177 | 0.1 110 | 0.1 111 | 0.1 105 |
| 2 | 300 兆瓦等级及以下常规燃煤机组 | 0.8 920 | 0.8 773 | 0.8 729 | | | |
| 3 | 燃煤矸石、煤泥、水煤浆等非常规燃煤机组（含燃煤循环流化床机组） | 0.9 627 | 0.9 350 | 0.9 303 | | | |
| 4 | 燃气机组 | 0.3 930 | 0.3 920 | 0.3 901 | 0.0 560 | 0.0 560 | 0.0 557 |

注：2021 年平衡值基于 2021 年碳排放核查结果，综合考虑履约政策、负荷系数修正等因素的影响，是各类机组供电、供热碳排放配额量与其经核查排放量（应清缴配额量）平衡时对应的碳排放强度值。

2023年4月1日，国家标准化管理委员会等联合发布《关于印发〈碳达峰碳中和标准体系建设指南〉的通知》（国标委联〔2023〕19号），其提出的碳达峰碳中和标准体系包含基础通用标准、碳减排标准、碳清除标准和市场化机制标准4个一级子体系、15个二级子体系和63个三级子体系。基础通用标准领域主要包括碳排放核算核查、低碳管理和评估、碳信息披露等标准，推动解决碳排放数据“怎么算”“算得准”的问题。碳减排标准领域主要推动完善节能降碳、非化石能源推广利用、新型电力系统、化石能源清洁低碳利用、生产和服务过程减排、资源循环利用等标准，重点解决碳排放“怎么减”的问题。碳清除标准领域主要加快固碳和碳汇，碳捕集、利用与封存等标准的研制，重点解决碳排放“怎么中和”的问题。市场化机制标准领域主要加快制定绿色金融、碳排放交易和生态产品价值等标准，推动解决碳排放可量化可交易的问题，支持充分利用市场化机制减少碳排放，实现碳中和。上述任务部署将为支撑重点行业和领域的碳达峰碳中和工作提供协调、全面的标准支撑。碳达峰碳中和标准体系见图3-1。

2023年7月14日，生态环境部办公厅发布《关于全国碳排放权交易市场2021、2022年度碳排放配额清缴相关工作的通知》（环办气候函〔2023〕237号），提出“差异化开展配额分配”，即对全部排放设施关停或淘汰后仍存续的重点排放单位，不予发放预分配配额；组织有意愿使用CCER抵消碳排放配额清缴的重点排放单位抓紧开立账户，尽快完成CCER购买并申请抵消，抵消比例不超过对应年度应清缴配额量的5%；规定重点排放单位持有的2019—2020年度配额、2021年度配额和2022年度配额均可用于2021年度、2022年度清缴履约，也可用于交易等。

2023年7月21日，《国家发展改革委等部门关于促进退役风电、光伏设备循环利用的指导意见》（发改环资〔2023〕1030号）提出要积极构建覆盖绿色设计、规范回收、高值利用、无害处置等环节的风电和光伏设备循环利用体系，部署了6个方面重点任务。一是大力推进绿色设计。引导生产制造企业以轻量化、易拆解、易运输、易回收为目标，在产品设计生产阶段进行绿色设计。二是建立健全退役设备处理责任机制。要求集中式风电和光伏发电企业依法承担退役设备处理责任，发电企业将废弃物循环利用和妥善处置作为风电场改造升级项目的重要内容。三是完善设备回收体系。支持光伏设备制造企业建立分布式光伏回收体系。鼓励第三方专业回收、“一站式”服务模式。引导风电机组拆除后进行就地、就近、集中拆解。四是强化资源再生利用能力。鼓励再生利用企业开展退役风电、光伏设备精细化拆解和高水平再生利用，支持龙头企业针对复杂材料加快形成再生利用产业化能力。五是稳妥推进设备再制造。积极推进风电设备中高值部件以及光伏逆变器等关键零部件再制造。稳妥有序探索在新能源运营维修领域应用再制造部件。六是规范固体废物无害化

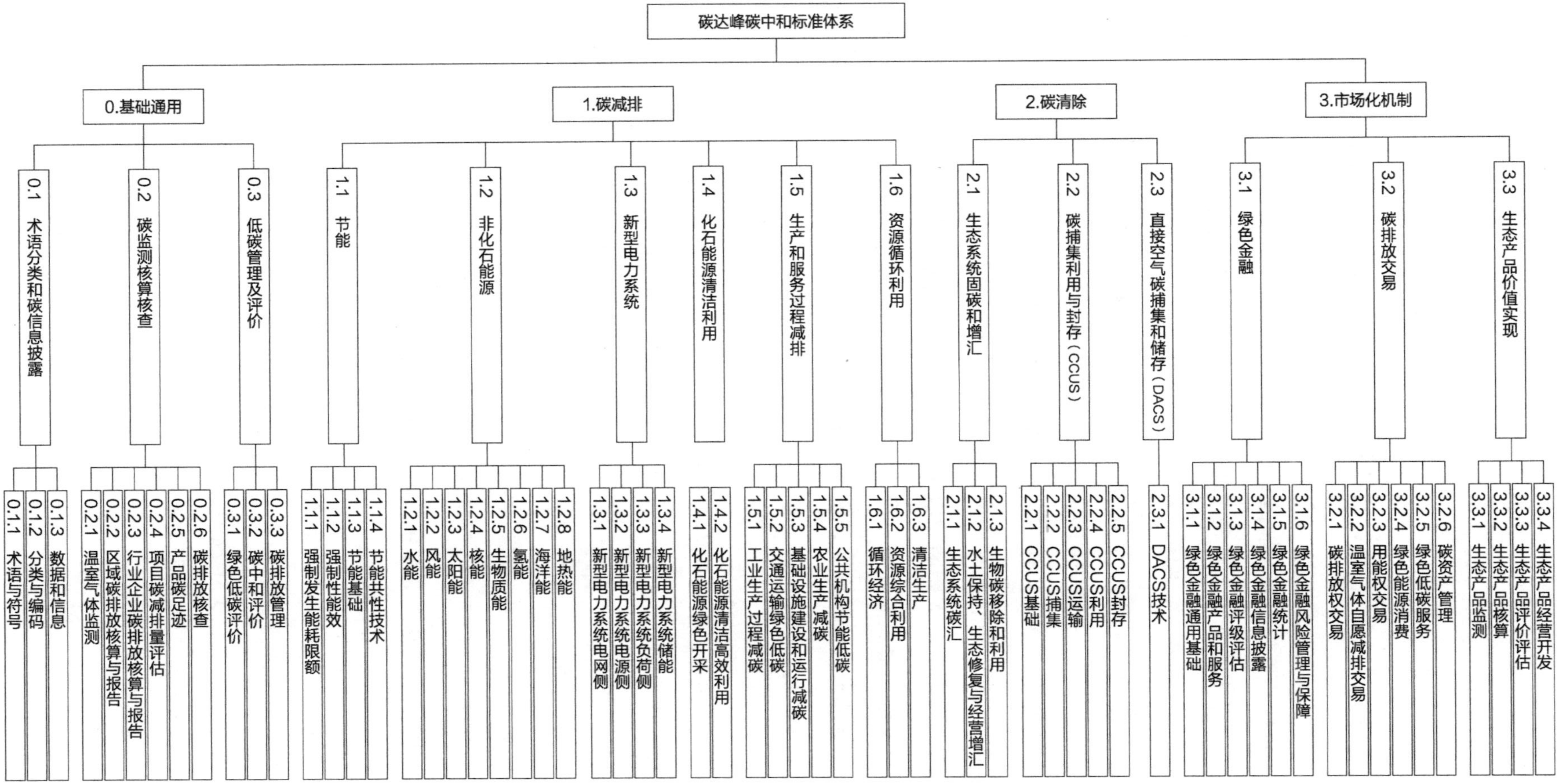


图3-1 碳达峰碳中和标准体系

资料来源：https://www.gov.cn/zhengce/zengcek/2023-04/22/content_5752658.htm.

处置。加大对退役风电、光伏设备回收利用处置全过程环境污染防治的监管力度。

2023年7月25日，国家发展改革委、财政部、国家能源局发布《关于做好可再生能源绿色电力证书全覆盖工作促进可再生能源电力消费的通知》（发改能源〔2023〕1044号），明确“绿证是我国可再生能源电量环境属性的唯一证明，是认定可再生能源电力生产、消费的唯一凭证”“绿证作为可再生能源电力消费凭证，用于可再生能源电力消费量核算、可再生能源电力消费认证等，其中：可交易绿证除用作可再生能源电力消费凭证外，还可通过参与绿证绿电交易等方式在发电企业和用户间有偿转让”；规定“对全国风电（含分散式风电和海上风电）、太阳能发电（含分布式光伏发电和光热发电）、常规水电、生物质发电、地热能发电、海洋能发电等已建档立卡的可再生能源发电项目所生产的全部电量核发绿证，实现绿证核发全覆盖”“研究推进绿证与全国碳排放权交易机制、温室气体自愿减排交易机制的衔接协调，更好发挥制度合力”等。

2023年9月19日，生态环境部发布《关于进一步优化环境影响评价工作的意见》（环环评〔2023〕52号），以习近平新时代中国特色社会主义思想为指导，通过加强制度衔接联动进一步优化环评工作。一是加强联动、提升效能，推进分区管控、环评、排污许可等制度高效联动，提升源头预防效能；二是完善流程、保障发展，统筹从宏观到微观、从源头到过程各项管理要求，优化管理流程提升环评效率和质量；三是绿色引领、守牢底线，加强宏观管控，严格环境准入，引领、推动产业绿色发展；四是严格监管、注重实效，加强与执法监督制度联动，推动责任落实。

2023年10月14日，生态环境部办公厅发布《关于做好2023—2025年部分重点行业企业温室气体排放报告与核查工作的通知》（环办气候函〔2023〕332号），确定报告与核查工作范围，规定报送年度温室气体排放报告要求（其中，规定2022年度全国电网平均碳排放因子为0.570 3吨）以及组织开展温室气体排放报告的核查等。

2023年10月19日，生态环境部发布《温室气体自愿减排交易管理办法（试行）》，标志着CCER交易重启，其中对于项目审定与登记、减排量核查与登记、减排量交易审定与核查机构管理、监督管理、罚则作出明确要求，规定减排项目应于2012年11月8日之后开工建设，项目减排量应产生于2020年9月22日之后。

## 3.3 技术标准

2023年6月7日，生态环境部发布国家生态环境标准《排污许可证质量核查技术规范》（HJ 1299—2023），规定了开展排污许可证质量核查的方式与要求、核查准备工作及主要核查内容，适用于指导生态环境主管部门或其委托组织的技术机构，对已核发排污许可证的质量开展核查。

2023年10月24日，生态环境部发布《温室气体自愿减排项目方法学 造林碳汇》（CCER–14–001–V01）、《温室气体自愿减排项目方法学 并网光热发电》（CCER–01–001–V01）、《温室气体自愿减排项目方法学 并网海上风力发电》（CCER–01–002–V01）》、《温室气体自愿减排项目方法学 红树林营造》（CCER–14–002–V01）四项方法学，明确规定纳入温室气体自愿减排项目的适用条件、项目边界、减排量核算方法、额外性论证等要求。

第二部分

# 电力企业碳交易实践案例

# 4 碳市场进展情况

## 4.1 国内碳市场进展及成效

### 4.1.1 运行情况

**全国碳市场运行概况。**全国碳市场已完成第二个履约周期（2022年1月1日至2023年12月31日）。截至2023年12月31日，碳排放配额（CEA）累计成交量4.42亿吨，累计成交额249.19亿元，综合成交均价56.43元/吨。其中，大宗协议交易成交量3.69亿吨，成交额205.40亿元，大宗成交均价55.57元/吨；挂牌协议交易成交量0.72亿吨，成交额43.79亿元，挂牌成交均价60.82元/吨。

全国碳市场总体交易情况见图4-1。

**全国碳市场扩围在即。**随着全国碳市场建设的不断完善，逐步扩大全国碳市场行业覆盖范围，丰富交易主体、交易品种和交易方式是必然趋势，未来将会有更多行业纳入全国碳市场中。2022年10月27日，生态环境部召开10月例行新闻发布会，会上生态环境部应对气候变化司负责人表示："在碳市场平稳运行的基础上，逐步扩大全国碳市场的行业覆盖范围，丰富交易主体、交易品种和交易方式。"2023年5月18日，由生态环境部应对气候变化司主持召开"扩大全国碳市场行业覆盖范围专项研究"启动会，正式研究扩大全国碳市场行业

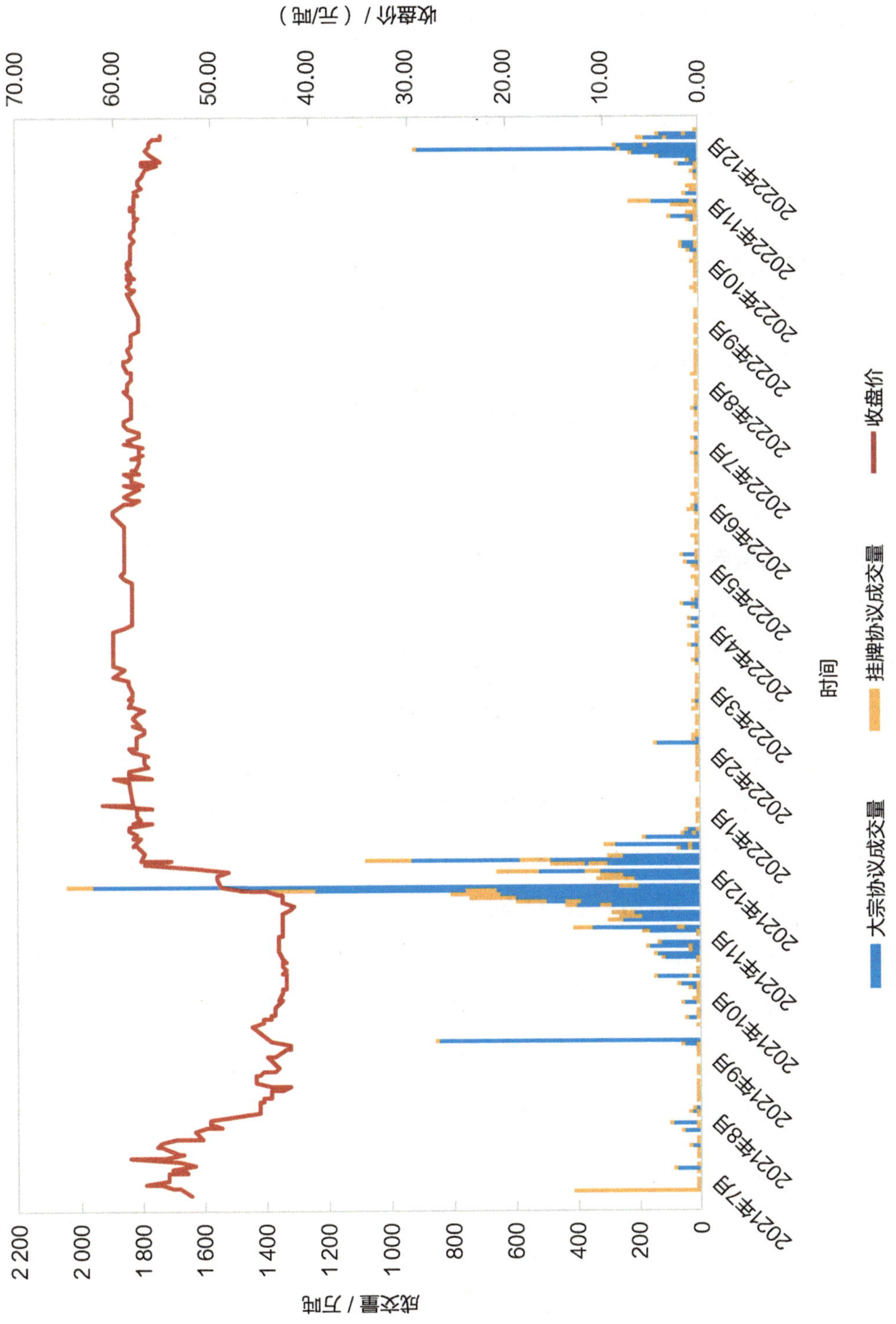


图4-1 全国碳市场总体交易情况

覆盖范围的细节。生态环境部按照“成熟一个、纳入一个”原则，综合考虑数据质量基础，拟纳入建材、钢铁、有色、石化、化工、造纸、航空7个行业。其中，建材行业和钢铁行业是碳排放的重点领域，将这些行业纳入全国碳市场，有助于进一步提升全国碳市场市场主体交易的活跃度，发挥碳市场在引导行业绿色低碳转型方面的重要作用。

**配额总量适度收紧。**生态环境部于2023年3月15日印发《2021、2022年度全国碳排放权交易配额总量设定与分配实施方案（发电行业）》，下调了各类火电机组碳排放基准值，适度收紧碳配额发放规模。2021年履约期30万千瓦以上、30万千瓦及以下的煤电机组碳排放基准值分别下调至821.8克/（千瓦·时）、877.3克/（千瓦·时），比首个履约期分别下降了55.2克/（千瓦·时）、101.7克/（千瓦·时），配额供需转向紧平衡。

**抵消机制重新启动。**2023年3月28日，生态环境部印发《关于公开征集温室气体自愿减排项目方法学建议的函》（环办便函〔2023〕95号）。同年10月19日，生态环境部、市场监管总局印发《温室气体自愿减排交易管理办法（试行）》，明确了全国温室气体自愿减排交易及相关活动的监督管理，包括项目审定与登记、减排量核查与登记、减排量交易、审定与核查机构管理、监督管理与罚则等。同年10月24日，生态环境部印发《关于全国温室气体自愿减排交易市场有关工作事项安排的通告》，明确了全国温室气体自愿减排注册登记机构和交易结算机构，同时规定已获得国家应对气候变化主管部门备案的核证自愿减排量有效期限。同日，生态环境部发布了《温室气体自愿减排项目方法学并网海上风力发电》（CCER-01-002-V01）等四项方法学，对造林碳汇、并网光热发电、并网海上风力发电、红树林营造四类工程纳入全国温室气体自愿减排项目中的设计、实施、审定和减排量核算、核查工作提出规范。

### 4.1.2 主要成效

经过两年多的运行实践，总体来看，全国碳市场基本框架初步建立，价格发现机制作用初步显现，企业减排意识和能力水平得到有效提高，促进企业减排二氧化碳和加快绿色低碳转型的作用初步显现。主要成效体现在以下几个方面。

**对碳减排和碳交易的认识显著增强。**从开立账户、核算核查、配额测算、配额分配到上线交易和清缴履约的全过程，发电企业对碳市场、碳交易的全链条管理有了更加全面的认识，并切身感受到碳市场对企业经营、管理的意义和影响。

**碳排放管理效能进一步提升。**制度体系建设逐渐完善，制定碳交易管理制度，明确各级单位碳交易工作职责，加强统筹管理，理顺工作流程。数据管理日趋规范，企业认真执行数据质量控制计划，加强碳排放数据体系化、标准化、信息化管理，进一步提升了碳排放数据的精细化、准确化、规范化。根据主管部门的统计，全国碳市场纳入的发电企业实测燃煤元素碳含量的机组数量大幅增加。

**煤电清洁高效利用持续推进。**推动存量煤电节能改造、供热改造、灵活性改造，淘汰低效率落后煤电机组，促进能效水平进一步提升。

**低碳技术创新步伐进一步加快。**探索开展低碳技术研发与实践，坚持技术引领，加大大规模低成本碳捕集、利用与封存技术研发、示范与应用，实现可持续减污降碳。

**减排成本降低渠道进一步拓展。**首个履约期允许企业使用CCER抵消5%的应清缴配额量，有利于降低单位发电量碳排放强度和控排企业履约成本，对新能源快速发展、增加新能源企业效益发挥了一定作用。另外，碳资产管理为企业低碳转型带来机遇，对未来吸引资金技术投入节能减碳、新能源方面起到重要作用。

## 4.2 国际碳市场进展及启示

### 4.2.1 发展概况

根据国际碳行动伙伴组织（ICAP）发布的《全球碳排放权交易：ICAP 2023年进展报告》，截至2023年1月，全球共有28个碳市场正在运行，覆盖了全球17%的温室气体排放。

全球碳市场温室气体排放占比情况见图4-2。

# 碳市场的全球扩展

## 自2005年以来，碳市场所覆盖的排放占全球温室气体的比例扩大到之前的三倍

该图描绘了全球碳市场的增长情况。2023年是奥地利、黑山和华盛顿州碳市场的开端，这使得碳排放交易体系所覆盖的全球温室气体排放比例已超过17%，是2005年欧盟碳市场启动时的三倍之多。这一变化过程还受到新行业和体系增加以及总量趋于逐步收紧和全球排放等因素的交互影响。更多详细信息，敬请参阅国际碳行动伙伴组织《2023年度报告》英文版中的“方法和来源说明”（Notes on Methods and Sources）。

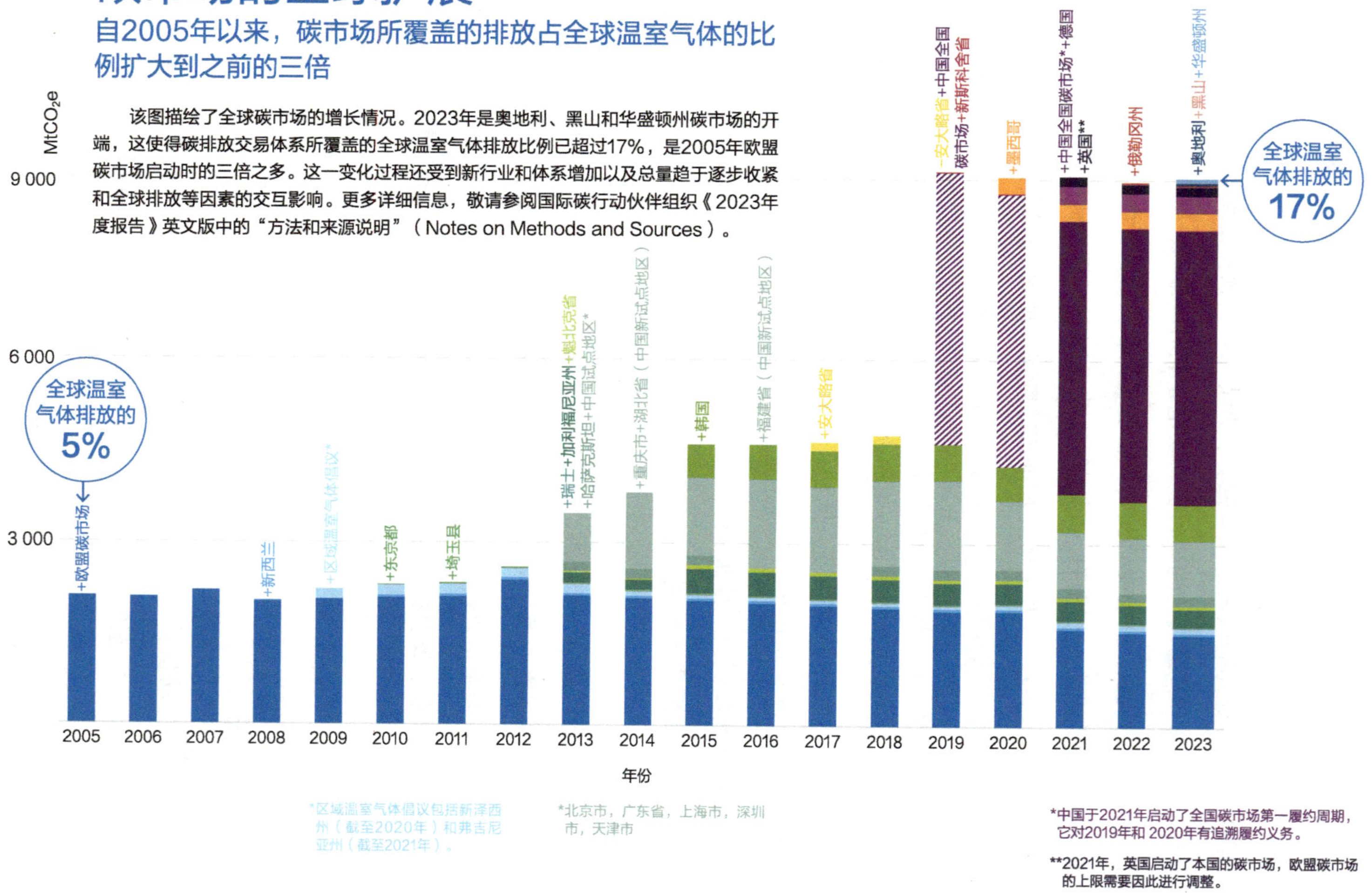


图4-2　全球碳市场温室气体排放占比情况

资料来源：国际碳行动伙伴组织（ICAP）发布的《全球碳排放权交易：ICAP2023年进展报告》。

专　栏

## 欧盟碳市场进展

欧盟碳市场（EU-ETS）于2005年启动，覆盖了欧盟38%的温室气体排放，覆盖气体包括二氧化碳、氧化亚氮和全氟碳化合物，不包含间接排放。二氧化碳排放主要覆盖部门包括电力和热力部门、能源密集型工业部门、航空以及海上运输。2027年，欧盟碳市场将启动单独的排放交易系统（ETS 2），纳入建筑、道路交通和其他部门。

2023年，欧盟碳市场配额上限为14.86亿吨二氧化碳当量。其中电力行业配额100%拍卖；工业中有碳泄漏风险的免费分配，分配方法为行业基准法，基准由行业内最高效装置（前10%）的平均排放强度决定；航空业配额15%拍卖。2022年实际免费发放的配额共5.292亿吨二氧化碳当量，占34%。根据最新改革方案，减少免费配额的计划直接配合CBAM分阶段实施。

欧盟委员会于2015年提出建立市场稳定储备机制（market stability reserve，MSR），即当碳市场中流通的配额量超过8.33亿吨时，则在拍卖时将相当于当前配额量的12%（最新改革方案修正为24%）纳入储备；当配额量低于4亿吨时，则从储备中调出1亿吨投放市场。

欧盟碳市场2022年平均拍卖价格为每吨78.91欧元，2022年总收入388亿欧元，自开始以来的总收入1 395亿欧元。2021年欧盟建立创新基金和现代化基金管理EU-ETS拍卖收入。根据最新改革方案，ETS 2的收入将由社会气候基金管理，减轻民众由于能源价格和碳价格造成的负担，尤其是供暖和交通方面。

## 美国加利福尼亚州碳市场进展

美国加利福尼亚州碳市场覆盖了加利福尼亚州75%的温室气体排放，所覆盖的气体除了包括《京都议定书》所规定的6种温室气体，还包括三氟化氮和其他氟化物。纳入的行业包括年排放量超过25 000吨二氧化碳当量的大型工业设施、发电设施和电力进口商。

2023年加利福尼亚州碳市场配额上限为2.941亿吨二氧化碳当量，有碳泄漏风险的工业企业可以获得免费配额，泄漏风险根据每个特定工业部门的排放强度和贸易暴露程度分为低风险、中风险、高风险等级。2020年，加利福尼亚州将免费配额比例调整至42%。

加利福尼亚州碳市场允许控排企业使用碳信用抵消排放。产生碳信用的项目必须位于美国领土内且必须从森林、城市森林、牧场沼气、破坏臭氧层物质减少、采矿甲烷气捕获和水稻种植这6个领域产生。2021—2025年可抵消4%的排放，2026—2030年，增至每年6%，并且要求加利福尼亚州本土的抵消项目必须超过一半。

加利福尼亚州碳市场设置了拍卖底价+配额价格控制储备机制（allowance price containment reserve，APCR）来稳定市场价格。设置配额价格控制储备库，当市场价格触发上限，储备库将放出一定量配额到市场，促使价格回落。2023年加利福尼亚州碳市场拍卖底价为22.21美元/吨二氧化碳。

加利福尼亚州碳市场2022年平均拍卖价格为每吨28.08美元，自开始以来的总收入222.5亿美元，2022年总收入40.3亿美元。加利福尼亚州碳市场的大部分拍卖所得进入温室气体减排基金，用于支持在全州范围内带来重大环境、经济和公共健康效益的项目，其中至少35%必须惠及弱势群体和低收入群体。截至2022年5月，已有114亿美元投资于560 000多个项目，预计减排0.79亿吨二氧化碳当量，弱势和低收入社区获得了超过54亿美元的援助。

### 4.2.2 主要启示

全球碳市场对于中国全国碳市场的发展提供了以下经验与启示。

**一是制定完善的法规制度是保障碳市场健康稳定运行的基础。**欧盟委员会主要通过基础性法规和技术性法规两个方面对欧盟碳市场进行制度保障。基础性法规由欧盟层面制定，对各成员国具有普遍约束力，主要对欧盟碳市场的目标、原则和基本内容作出了总体性的规定。其中，对关于碳排放配额分配方式及对碳排放监测、报告与核查（MRV）的规定等方面是基础性法规的核心。技术性法规是欧盟层面指定的技术性规则，以保障各成员国在统一的规则之下颁布适用于本国的法律制度，主要围绕设立统一登记簿、安全标准、配额拍卖、MRV、重复计算等技术问题展开。在这一制度体系下，欧盟既保持了市场主体框架的统一性，也保证了各成员国具有足够的灵活修正空间，保障了市场的整体稳定运行。

**二是不断完善的碳市场定价机制有利于发挥价格信号促进减碳作用。**在市场发展过程中，欧盟碳市场建立了多种交易制度强化市场的碳价发现功能。一是逐渐扩大市场规模。欧盟碳市场的覆盖范围从最初的电力及能源密集型行业逐步扩展至航空业及钢铁、水泥等特定产品的生产以及碳捕获行业，使碳交易规模不断上升，进一步趋近实际的社会减碳成本。二是通过市场稳定储备机制（MSR）收回富余配额，并限制联合研究所（joint implementation，JI）项目产生的减排量和清洁发展机制（clean development mechanism，CDM）项目产生的减排量的交易数量，来应对市场供过于求的状态，达到传递长期稳定碳价信号的目的。三是发展碳金融产品。主要通过发展碳期货交易，提升市场交易的活跃度以及交易主体的风险管理水平。

**三是强化碳排放数据质量管理是维护碳市场公平公正的关键。**欧盟和美国加利福尼亚州碳市场对核查制度进行了立法，对核查机构和核查员设定严格的准入条件，并对核查全流程进行监管，以保障核查工作质量，提高数据可信度，从而维护碳市场的公平和公正。此外，欧盟还针对核查的过程分析、抽样、现场访问、排放报告等具体技术问题出台了技术规范，并强调对排放主体是否按照在主管部门备案的数据质量控制计划实施监测进行核查。

**四是核算法和在线监测法在国际碳市场中均有应用。**根据欧盟相关规定，欧盟各成员国火电企业可以采用核算法或在线监测法获取碳排放数据。由于欧盟电煤煤质稳定，从成本经济性考虑，采用核算法的比重较高，也有一定数量火电企业采用在线监测方法。根据美国相关规定，美国燃煤发电机组采用在线连续监测系统（CEMS）监测$CO_2$排放；燃气或燃油电厂除可采用CEMS外，还可采用燃料计算法，若排放量较低还可采用排放因子法。

# 5 电力企业参与碳市场实践案例

## 5.1 征集情况

为扎实推进全国碳市场建设，加强发电行业参与全国碳市场先进经验和典型案例总结、宣传和推广，为其他行业顺利纳入全国碳市场提供经验借鉴，在生态环境部应对气候变化司指导和支持下，中电联向主要电力企业征集发电企业参与全国碳市场、推进“双碳”工作的先进经验和典型案例，共征集到电网、发电企业报送的案例80余个，几乎涵盖碳市场能力建设、数据管理、配额分配、交易履约、节能降碳技术等重点内容。在此基础上，编写组开展了案例梳理与分析，总结实践、提炼经验。

案例征集重点方向包括：①支撑政府主管部门制修订全国碳市场相关政策、机制、标准规范等，有效促进全国碳市场机制设计和优化；②建立健全各级碳交易管理制度体系、组建专业化碳交易或碳资产管理团队、搭建碳排放与交易信息化平台等，为积极主动参与全国碳市场提供人财物保障；③在持续提升碳排放数据质量（如加强活动因子和排放因子管理，开展元素碳实测，严格制订并执行数据质量控制计划等）、优化核算与报告流程、有效衔接核查执法、高效低成本完成配额交易及清缴履约（如配额管理、交易策略、自愿减排项目、风险控制等）等具体环节的经验案例；④在节能降碳技术创新、示范与应用，加强碳交易及低碳管理能力建设等方面的好做法及经验；⑤其他与碳交易、推进“双碳”工作相关的先进经验和典型案例。

## 5.2 统筹优化碳资产管理

### 案例1 积极有序参与市场，圆满完成履约任务

——中国华能集团有限公司碳资产管理探索与实践

#### 一、背景情况

碳交易是利用市场机制控制和减少温室气体排放的重要手段，市场行情复杂多变，只有善用市场化思维，认识市场、尊重市场，采取高效、规范、灵活的交易策略，才能逐步适应市场，不断提升市场应对能力。在全国碳市场2019—2020履约年度，中国华能集团有限公司（以下简称中国华能）共108家企业（法人单位）纳入全国碳市场，全部按期高效完成交易履约工作，在碳资产管理方面开展了大量探索和实践。

#### 二、主要做法

**（一）建章立制，确保流程规范、风险可控**

中国华能在总结碳交易试点经验的基础上出台了《碳排放权交易管理暂行办法》，明确了碳交易工作职责分工、流程管理、数据管理、交易管理、风险管理等各项要求，为参与全国碳市场工作打下坚实的制度基础。**在职责分工方面**，明确了“三级管理+专业技术支持”的管理架构，中国华能总部负责总体管理和统筹协调，二级单位负责交易决策和内部平衡，基层企业负责数据管理和具体落实，碳资产公司负责提供政策及市场分析、数据核算、代理交易等技术支持服务，形成各司其职、相互配合、齐抓共管的管理模式。**在流程管控**

**方面**，规范了中国华能总部年度交易原则总体定调、二级单位年度交易方案细化分解、碳资产公司月度交易计划动态落实的流程，既体现了集团整体管控要求和二级单位决策主体作用，又充分考虑了市场行情变化。**在保障数据质量方面**，坚持实事求是原则，将碳排放数据统计纳入日常生产常态化、规范化管理，印发碳数据质量管理细则，开展碳排放数据管理标准化创建工作，建成碳排放数据管理平台，实现碳排放主要数据自动采集、工况数据“不落地”，不断提升数据管理能力及数据质量，确保数据真实准确可靠。**在风险防控方面**，坚持规范操作、严格管控的原则，以降低履约成本为目的，避免投机行为；严格执行交易资金“收支两条线”管理，落实碳交易有关会计处理规定，按照交易计划及时划转配额及交易资金，及时做好资金归集，提高资金使用效率。**在能力提升方面**，定期开展碳排放管理专业技术培训，组织碳资产公司统一提供碳交易技术支持服务，不断提升公司碳排放管理能力，保障顺利完成履约任务。

**（二）统筹谋划，保障决策有据、交易有序**

**在参与市场建设方面**，中国华能深入研究市场政策，结合行业企业实际情况，积极就碳交易条例、配额分配、核算指南、交易规则等政策建言献策，助力政策落实落地，推动市场健康平稳发展。**在交易决策方面**，在深入市场分析和扎实数据测算的基础上，印发年度交易总体原则，指导编制交易方案，统筹平衡交易计划，由碳资产公司组织动态落实、具体实施。**在交易资金方面**，根据各单位碳排放数据核定和配额核发情况，结合市场行情及交易策略变化，动态调整并精准下达交易履约预算，充分利用有限预算最大限度保障交易资金需求。**在交易组织方面**，多次组织业务培训，解读碳市场政策，宣贯公司碳交易工作要求，分析全年交易形势，介绍交易工作安排，使各级管理人员快速熟悉具体业务，保障年度交易工作的快速推进。**在市场研究方面**，碳资产公司长期从事碳市场业务，在政策研究、趋势研判、市场交易和碳金融创新等方面经验丰富，善于运用试点经验和多信息渠道进行供需情况及价格走势等分析研判，提供年度、月度政策及市场分析报告供决策支持。

### （三）积极应变，做到因情施策、稳妥应对

**在市场启动前期**，中国华能积极参与行业协会及交易机构组织的交易系统联调测试，使交易人员熟悉了交易系统操作及交易流程；组织企业开设并绑定交易账户，对配额盈缺进行详细测算，根据试点地区履约和全国碳市场启动交易需要，下达交易预算，为顺利完成试点履约、积极参与全国碳市场启动交易做好充分准备。**在市场启动初期**，组织电厂积极参与全国碳市场首批交易，在北京、上海、武汉三个会场分别参加了市场启动仪式，通过积极参与首批交易，既检验了交易工作准备情况，提升了市场应对能力，更助力全国碳市场取得开门红。组织湖北阳逻电厂开展碳排放权质押，获得1 000万元贷款，成功试水碳金融业务。**在交易履约期间**，密切关注交易行情，充分把握市场周期，选择有利交易时机，助力提高市场流动性；充分利用减排量抵消政策，以有序使用减排量、降低履约成本为目标，快速调整交易履约方案并获得审批通过；通过采取锁定资源、倒排日程、微调计划、调整预算、充分沟通等保障措施，多措并举确保交易方案快速、稳妥落地。确保全部企业按时足额完成年度履约任务。**在履行社会责任方面**，华能黄台电厂自愿注销200吨碳配额，用于抵消2023年六五环境日国家主场活动所产生的分温室气体排放，华能玉环电厂向2022年第19届亚运会捐赠4万吨减排量，助力打造史上首次碳中和亚运会。

## 三、经验启示

制定明确的管理体系对于指导基层企业参与碳市场实践至关重要。在管理设置方面，要注重清晰高效，各部门有明确的责任内容，提高企业的管理效率，降低管理成本，并且更快速地形成决策，以对碳市场的变化作出及时的响应。注重数据质量把握，数据质量碳市场运行的基础，提高企业数据管理水平将大幅降低企业参与碳市场所带来的成本，避免损失，并且影响企业碳市场交易策略的精准度，给企业带来更多灵活与主动性。在市场应对方面，市场行情复杂多变，只有坚持市场化思维，不断深化政策研究和市场分析，采取灵活有序的交易策略，才能不断提升市场应对能力。风险防控至关重要，需整体把控

下属单位的碳资产流动，避免投机行为破坏总体碳交易策略制定；碳市场作为电力企业的新赛道，应扩充相关领域人才，加强宣教培训，并提升职员的碳资产思想与水平。

## 案例2 “双碳”目标下碳资产管理三维度战略架构与实践路径

——中国大唐集团有限公司碳资产管理探索与实践

### 一、背景情况

碳资产管理是企业层面实现碳减排目标和绿色低碳转型的关键。碳资产管理不仅是指碳配额和CCER等碳资产的保值和增值管理，还包括贯穿企业生产运营全过程的碳资产综合管理业务，比如碳盘查、科技创新降碳、“双碳”人才培养、低碳品牌建设等。中国大唐集团有限公司（以下简称大唐集团）从国家战略全局的高度来谋划落实“双碳”目标的任务措施，实现绿色低碳高质量发展，为全面建立绿色低碳循环发展的经济体系和清洁低碳安全高效的能源体系积极贡献力量。

### 二、主要做法

#### （一）创建“三维度”碳资产管理战略

电力集团碳资产管理战略可以从战略规划、战略解构、战略执行三个维度打通碳资产管理全过程。战略规划：基于对全国碳市场及未来全国统一的生态环境市场的洞察，精准挖掘客户需求，评估商业机会，明确竞争优势，在选定的主营业务范畴内打造更能创造价值的商业模式，在集团整体战略周期内明确战略目标。战略解构：聚焦核心团队及竞争优势，就实现战略目标的重点任务和内部分工进行沟通、讨论并达成共识，明确战略周期内的关键任务和实施路径。制定最优的碳资产管理方案，细化分解为具体行动和重点任务并实行责任到人的措施。战略执行：针对重点行动方案的实施需要，进行组织体系的优化与变革，将关键部门的岗位人才与战略行动需要相匹配，依靠优秀的人才队伍全力投入战略实施过程，适时审视战略执行并动态优化战略执行细节。大唐集团“三维度”碳资产管理战略见图5-1。

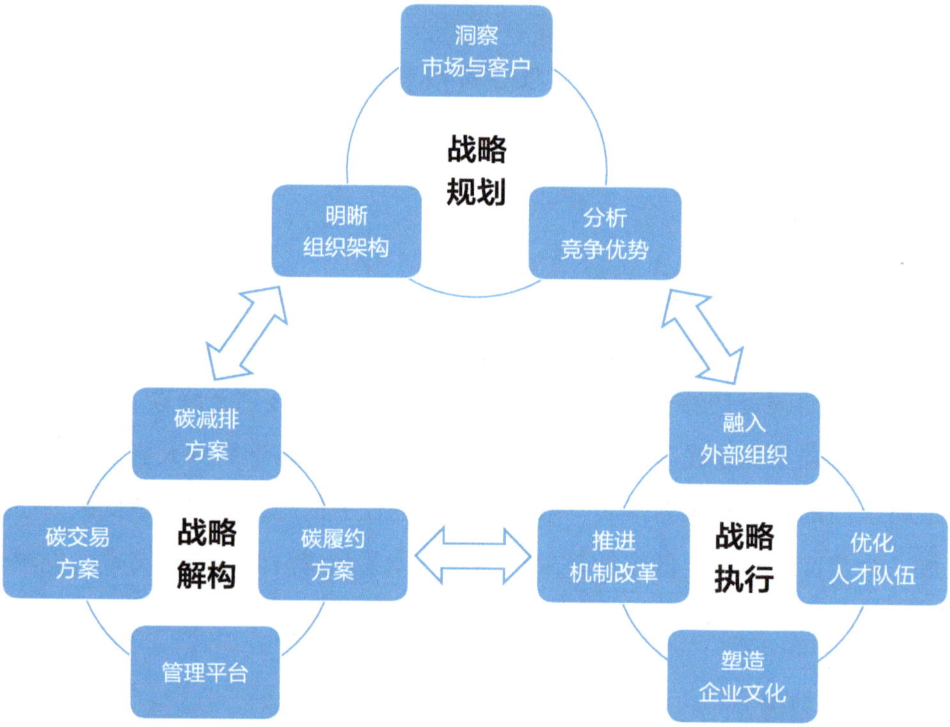


图5-1 大唐集团“三维度”碳资产管理战略

### （二）设计制定大型电力集团碳资产管理实践路径

1. 把握战略机遇的窗口期，统筹谋划好碳资产管理发展战略

**洞察市场变化与客户需求。**大唐集团紧密参与碳市场发展历程，在2005年便与壳牌等国际碳买家开展合作，在联合国环境规划署（UNEP）CDM全球咨询商最高排名第四。近年来随着国内碳市场不断发展，大唐集团积极参与国内环境要素交易平台建设，与湖北、深圳等地方政府务实合作共建碳交易市场；

主动融入海南自贸区（港）建设，筹建海南碳排放交易中心；与重庆市开展“双碳”战略合作，推进西部绿色资源交易所建设；应河北省生态环境厅来函邀请，完成雄安绿色金融产品交易中心建设方案编制。

**构建顶层设计与组织架构。**大唐集团自觉把企业绿色低碳转型发展同生态文明建设统筹起来，成立了集团公司主要领导任组长的碳达峰碳中和工作领导小组，并纳入经营管理、战略规划、投资发展、生产运营等部门，由集团领导亲自挂帅督导，各部门明确分工、各司其职，确保碳资产管理工作顺利进行。审议通过了《中国大唐集团有限公司党组关于做好碳达峰碳中和工作 推进高质量发展的指导意见》，着重开展五大行动、18项重点举措，推动绿色低碳转型和创新驱动发展；修订了集团碳资产管理办法、按照“四统一”（统一平台、统一组织、统一核算、统一交易）原则开展碳资产管理工作，构建了完整的碳资产管理制度体系。

**明确竞争优势与战略目标。**经过十几年培育，大唐集团碳资产管理业务范畴逐步从单一低碳履约服务为主走向绿色咨询、碳汇开发、碳金融等多元化道路。成立了独立的碳资产管理公司，接续培育企业所特有的、能够经得起时间考验的、具有延展性的并且是竞争对手难以模仿的核心竞争力。同时坚持创新驱动，加快数字化转型，坚持市场化运作，坚持开放合作，打造共商共建共享的绿色低碳高质量发展的生态圈和朋友圈。

2. 打通全业务周期链条，上下联动制定最优碳资产管理方案

**扎实摸排清查“碳”业务的家底。**充分发挥专业碳资产管理公司作用，做好大唐集团内“碳”业务的家底摸排清查，重点就配额资产、CDM/CCER和森林碳汇等减排量资产、具备开发CCS/CCUS的非电企业、碳金融规模边界进行摸底，开展历史数据核算。搭配形成最优碳配额和减排碳资产组合，为管理层各项决策的制定提供精准的依据，为大唐集团碳履约、碳交易形成有效支撑。大唐集团碳资产全周期业务流程见图5-2。

**积极参与全国及试点碳排放交易。**制定碳排放权交易方案是支撑企业“双碳”目标实现的重要手段。合理制定碳交易方案可以有效地利用碳配额使用的

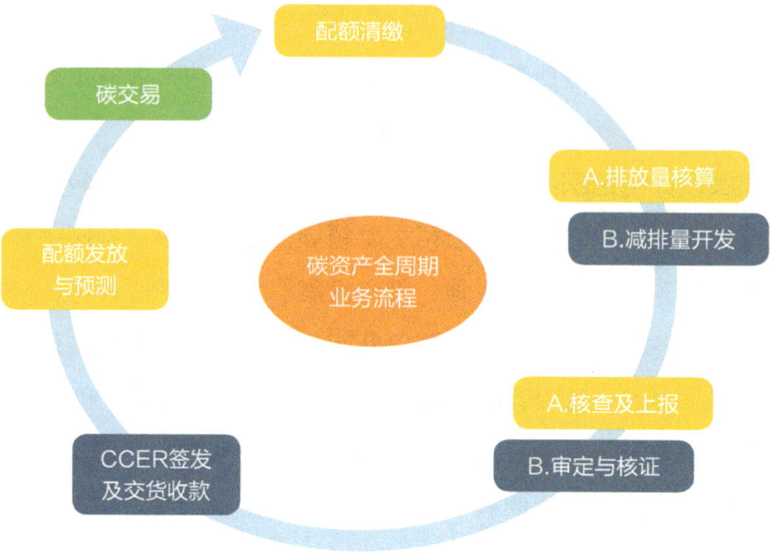


**图5-2　大唐集团碳资产全周期业务流程**

“季节性”，通过适当的交易方法及运作路径，开发绿色金融产品，引入金融市场资本助力企业碳减排。目前，大唐集团已成功应用的碳交易策略包括配额-CCER置换、碳质押抵押等，有效避免了碳价波动带来的交易风险，提升了绿色要素生产率。

**搭建绿色低碳资产数字智慧平台。**大唐集团积极利用信息化赋能“质效双提升”，搭建了覆盖集团全部企业的绿色低碳资产数字智慧平台，实现了对碳排放、碳配额、碳减排和交易等数据的信息化管理和配额盈亏预测、对标管理、智慧分析等功能，不断提升精细化运营管理效能，为大唐集团在履约交易期内抓住市场机会、降低履约成本、实现碳资产保值增值提供了技术保障。

3. 依靠组织、人才与文化，持续锻造战略实施中的能力建设

**提升政策影响能力。**大唐集团积极参与碳市场配额方案制定及意见反馈等相关工作，完成生态环境部《碳排放权交易管理暂行条例》等多项法规文件的意见反馈。承接生态环境部应对气候变化司委托的“碳市场相关指数研究”“全国碳市场运行情况跟踪、分析与建议”课题，圆满按期结题；并推动

《全国碳市场月度调查报告》试运行，为行业主管部门作出相关决策和电力企业更好参与碳交易提供了信息工具。

**推进体制机制改革。**推进专业碳资产管理公司混合所有制改革，引入产业链上下游投资者。实施经理层任期制和契约化管理。对员工实行“社会化招聘、契约化管理、精细化考核、市场化薪酬、制度化退出”管理，坚持“以岗择人、择优上岗”，全面实施健全以劳动合同管理为关键、以岗位合同管理为基础的市场化用工机制，实施全员绩效考核，实施末等调整和不胜任退出等措施。

**锻造高素质人才队伍。**科学谋划，找准定位，加强系统内碳资产管理年轻干部培养和队伍建设，加强业务学习，提升工作能力，全方位培养、用好人才。结合市场化改革需求，不断引进行业先进人才，妥善解决结构性缺员与冗员问题，建设一支高素质专业化人才队伍，以更高的专业水平服务大唐集团整体碳资产管理战略目标。

**营造低碳企业文化氛围。**加强大唐集团低碳能力建设和干部员工低碳意识培养，实现碳资产管理与企业日常管理运行紧密结合，使广大干部员工充分认识加强低碳意识教育、树立低碳运营理念的重要意义。对于全体员工开展低碳生活类培训，培养低碳意识，让低碳意识渗透进企业文化。

## 三、经验启示

1.“双碳”目标关系能源企业高质量发展，要正确认识发展和减排的对立统一关系，结合企业实际确定碳资产管理战略架构，推动其融入投资发展战略、参与生产经营决策和重塑企业文化进程。

2.“三维度”碳资产管理战略是在现代管理科学基础上，选择与企业发展阶段和层次相匹配的战略管理方法论，结合外部政策与市场环境，充分发挥战略管理效能。

3. 战略管理效果需要通过具体有效的实施路径得以实现，大唐集团建立了“战略—方案—能力”的“双碳”实施路径，实现了从设计到落实的有效贯通，助力坚定承担能源央企的责任，为我国如期实现碳达峰碳中和贡献力量。

## 案例3 多措并举助力实现“双碳”目标碳资产管理

——中国华电集团有限公司碳资产管理探索与实践

### 一、背景情况

中国华电集团有限公司（以下简称华电集团）全面提升碳排放、碳交易和碳资产管理能力，助力各重点排放单位参与全国碳市场，通过市场机制作用实现减排目标，同时进一步加快推进企业转型升级、结构调整，通过市场机制和结构优化调整合力推动企业形成绿色低碳创新发展的新格局，助力国家“双碳”目标如期实现。

### 二、主要做法

1. 建立华电特色管理体系，合力绘制碳战略新蓝图

持续完善管理体系。不断完善碳管理顶层设计，成立碳达峰碳中和工作领导小组，率先在总部层面成立碳管理机构，构建了具有华电特色的“集团总部+直属单位+基层企业”三级碳管理体系，实现了对碳排放统计核算、碳排放权交易、低碳技术创新等工作的统筹管理，建立健全温室气体排放管理、碳排放权交易履约等制度及企业标准。形成贯穿碳排放、碳资产、碳交易全链条，覆盖火电、煤炭、科工、金融全板块的管控体系，逐步实现管理有制度、操作有程序、人员有培训、过程有监督的全流程精细化管理目标。在央企中首家发布温室气体排放白皮书，总结碳排放管理新思路、新举措、新成效。发布碳达峰行动方案，研究提出实现碳达峰目标的时间表、路线图、施工图，按照统筹部署、有序推进、落实落地的要求，通过五条实施路径、八大专项行动，形成各部门分工协作、各版块协同联动、各区域合理推进的发展格局。

2.“三碳”管理协同发力，积极探索深度挖掘碳价值

全面加强碳排放、碳资产、碳交易管理。开展温室气体排放管理提升专项

行动，印发企业碳排放数据质量管理示范文本，发布火电厂碳排放核算监测技术规范，2023年温室气体排放报告数据准确率达99.89%。科学制定全国碳市场交易履约策略，明确交易履约标准化流程，形成“事前审批制、事中监督制、事后校核制”的全过程管理模式，切实推动交易履约工作规范化、程序化和效率提升。华电集团成为全国碳市场第二个履约期全国首个100%履约央企。首笔全国碳市场碳配额质押融资业务在华电江苏公司落地。华电集团积极开展盈余配额交易，挂牌出售期间，出售量占全国碳市场同类配额挂牌交易量75%左右，树立上市公司正面形象。山东莱城电厂完成公司首笔碳配额回购，实现碳资产保值增值。与人保合作创新开发碳资产保险新品种，为节能减排项目提供保险保障服务。

3. 数字赋能提升碳管理水平，集聚资源打造人才高地

华电集团在原有的碳排放信息系统基础上，应用数字化、智能化手段，将碳管理与云计算、大数据、区块链等新一代的数字技术充分结合，全新打造了华电集团低碳数智化管理平台（图5-3），实现五大特点与五大功能，支撑集团公司各级单位三碳管理业务，进一步提升全流程协同效率，打造服务“双碳”的“强引擎”。创新碳管理培训模式。按照“分层分类”原则组织开展培

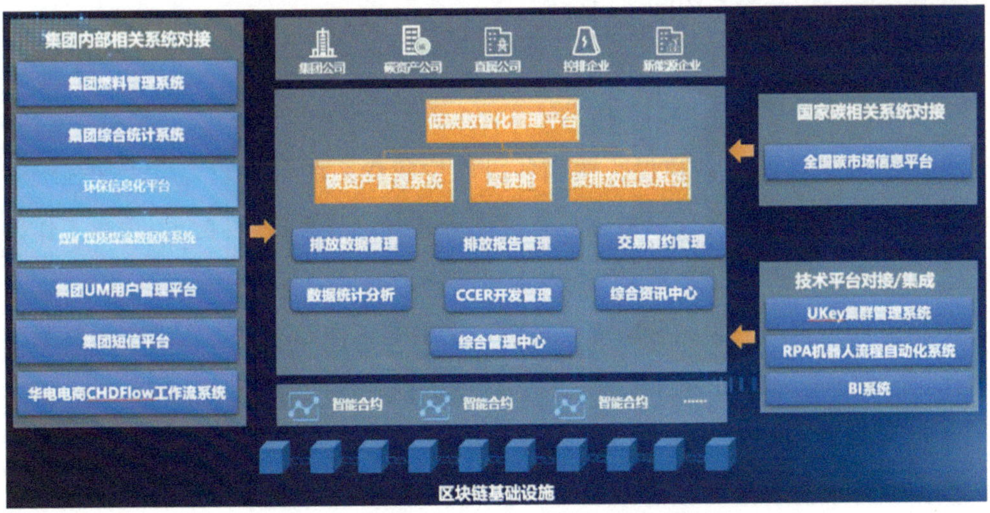


图5-3　华电集团低碳数智化管理平台

训，努力构建“思维渲染+工作融入”的系统性培训模式。编制发布《碳市场动态》，让碳管理干部掌握“双碳”政策方向，把握管理重点。会同中电联组织开展“碳排放管理员”能力评价专题培训，让企业从事MRV、CCER等具体管理和工作人员具备相关专业知识和工作技能。以科研项目为依托到清华大学等高校进行专业进修，培养具备多方位技术管理能力的复合型人才。

4. 传递绿色低碳品牌价值，充分发挥央企示范引领作用

华电集团成功主办COP28“中国角”边会“电力行业绿色低碳发展”企业日活动，充分展示“双碳”目标下中国电力行业绿色低碳发展成果与经验，真实、立体、全面地传播了中国应对气候变化的政策、行动与成效，展现气候外交的中国担当，助推COP28取得积极成果。边会活动树立了中国华电绿色品牌国际形象，被生态环境部选为优秀边会名单。华电集团2022年、2023年蝉联排名“中国能源企业低碳发展贡献力50强榜单”第一，以“华电贡献”领跑新发展阶段。在全国碳市场核心规则研讨和全国碳市场管理平台建设中贡献华电经验，参与编制的海上风电CCER方法学纳入生态环境部发布的第一批方法学；技术牵头研究制定首个电力行业碳排放监测标准《火电厂烟气二氧化碳排放连续监测技术规范》正式实施，填补行业空白。作为创始会员单位加入“世界碳中和学会”，广泛参与国际多边合作。

## 三、经验启示

1. 加强碳体制机制建设，明确各级单位职责，配备专职人员，加强统筹协调。以制度建设推动公司系统温室气体排放管理体系持续健全，理顺工作内容、管理流程，明确相关重点工作及监督考核内容。

2. 开展碳资产的集约化管理、运营、交易等工作，充分利用碳市场机制减排作用，有效推动产业资源配置优化，深度挖掘碳资产价值。

3. 依托数字技术，建设公司总部层面碳管理信息化平台，协助开展碳排放数据核算核查、碳配额清缴履约、CCER项目管理等业务，推动碳管理数字化、信息化管理创新，加速提升碳管理水平。

## 5.3 加强碳排放数据管控

### 案例4 建立碳排放数据质量管理平台提升碳排放管理质量

——华能国际电力股份有限公司太仓电厂碳排放数据管理探索与实践

#### 一、背景情况

随着生态环境部对数据质量要求的逐步提高，核算频率将逐步提高到每月一次，甚至是每天一次。面对庞大的企业碳排放信息披露要求，人工核算的形式将面临数据收集难度大、核算时效性差、准确性难以保证等问题，且一旦出错，排查工作将难以进行，对企业来说也是极大的损失。为了实现更高效精准的碳管理，依托数字化创新，建立精准化、可视化、便捷化的碳排放统计核算模式刻不容缓，采用数字化平台来帮助企业进行碳排放核算也是火电企业碳管理工作的未来趋势。

华能国际电力股份有限公司太仓电厂（简称华能太仓电厂）通过建立碳排放数据质量管理平台可以帮助企业实现标准化、规范化、精准化碳排放核算，帮助企业规避相关政策风险，为后续碳管理工作提供便捷，同时符合国家可持续发展战略规划。

#### 二、主要做法

1. 数据管理系统

碳排放数据质量管理平台配备完整的数据管理系统，包含多层级、多渠道的数据管理框架，实现电厂碳排放活动数据采集、分类、变更、审核、分发、备份、失效全流程管理，保证5年之内碳排放数据可溯源，实现对电厂碳排放数据的全生命周期管理。平台设置多个数据采集接口，与电厂监控信息系统（SIS）等已有的数据管理系统进行耦合，自动收集保存机组运行数据、厂用电量数据、新能源数据等活动数据；对入炉煤化验数据通过与电厂燃料全过程管理系统进行对接，实现无人工介入的数据采集。对于必须人工录入的数据，如基于元素碳的实测数据等，开放多个用户层级，在数据源头设置数据输入接口，避免数据的二次采集工作，简化工作流程。同时，根据核算指南的要求，在不同的数据渠道设置对应的支撑材料上传接口，实现扫描文件的导入，如计量设备的校验报告，并根据指南的规定设置分类存储、定时提醒等功能。对于收集到的数据，平台将进行标准化管理，对于重复、不完整、或者过时的数据，自定义清洗条件，进行定期的清洗工作，出现异常数据时进行自动报警，提升数据质量；对于申请变更、删除的数据，设立多层级审核机制，明确数据质量监管责任，做到可查可控，保障数据质量与安全；对于不同部门对数据的查阅需求，制定符合电厂需求的数据分发策略，保证相关人员即时批量获取、打包获取所需数据。为了保证系统存储数据的安全性，平台采用分布式存储系统，利用RAID磁盘阵列存储数据，提高数据存储安全。

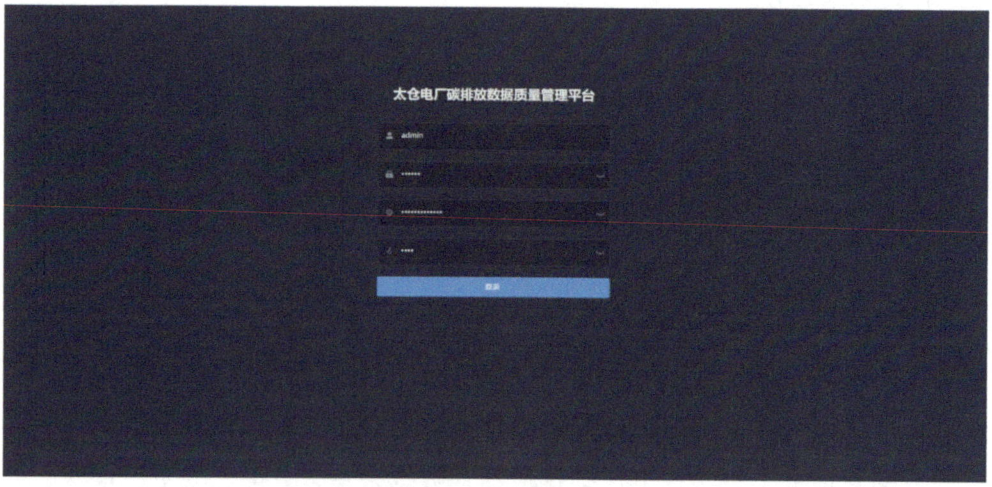


图5-4　华能太仓电厂碳数据质量管理平台

2. 平台可视化界面

碳排放数据质量管理平台可视化界面分为9个图，从碳排放总量、碳排放强度、碳配额变化、碳减排总量以及原始数据为基础，采用日、月、年多个时间尺度，动态展示了电厂的碳流情况。界面右侧生产数据的轮播图，实时展示原始数据的变动；通过实时显示每月的日供电碳排放强度、日供热碳排放强度，帮助电厂了解自身的碳排放潜力；显示每日碳配额的变动曲线，便于及时追踪配额增长情况。

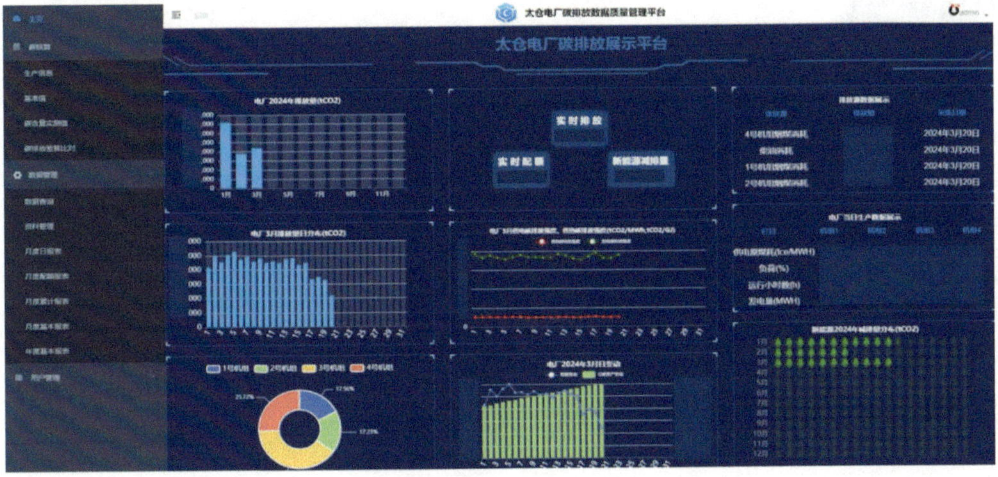


图5-5　碳排放数据质量管理平台可视化界面

3. 报表展示与导出功能

碳排放数据质量管理平台与电厂厂级监控信息系统数据接入与并融入碳排放数据和生产指标计算功能，报表开发数据基础和报表设计功能正在逐步完善，可实现的界面展示以及一键导出功能，可及时查验平台数据。一键生成符合核算指南要求的碳排放报告正在开发完善过程。

4. 核算质量监测功能

碳排放数据质量管理平台结合燃料全过程管理系统中煤炭工业分析数据，分析全水分（Mar）、收到基灰分（Aar）、收到基挥发分（Var）、固定碳

图5-6　平台报表展示与导出功能

（FCar）与收到基含碳量（Car）之间的关系，建立收到基含碳量的计算模型，用于预测燃煤的碳含量，将预测得到的收到基碳含量与实测化验碳元素进行对比分析，从不同渠道进行数据质量查验，进一步保证核算结果的准确性，提高碳排放数据质量管理平台的可信度。

## 三、经验启示

华能太仓电厂在数字化平台的支撑下，通过深入了解自身的碳排放量和减排成本，梳理出潜在的减排途径，并对不同碳减排途径的减排潜力、成本效益等进行详细评估和测算，有效加强电厂的综合碳排放管理水平，加强企业碳核算效率以及碳排放数据管理水平，提高电厂的碳资产管理能力以及碳市场交易能力。

## 案例5 多维度精细化碳数据管理实践与应用

——华电莱州发电有限公司碳排放数据管理探索与实践

### 一、背景情况

电力企业高质量管理碳排放数据，已成为积极参与全国碳市场的重要工作。为加强碳管理能力建设，提升对碳政策的解读、数据核算以及应对核查方面的能力，华电莱州电厂开展了碳数据管理探索与实践。

### 二、主要做法

#### （一）强化数据监测跟踪，开展多维度精细化管理

1. 开展碳排放数据管理及优化

华电莱州发电有限公司（以下简称华电莱州电厂）安环部对碳排放所有相关数据的监测（M）、报告（R）、预核查（V）、分析（A）进行全流程管理。通过梳理监测频次、监测方式等监测方法及监测设备、文件管理现状，以及数据记录、汇总报告流程，与相关规定进行比对，识别企业监测系统以及数据管理不完善之处，提出针对性的解决方案，确保在监测完整性和合规性的基础上，尽可能实现碳排放量的降低或配额的升高；通过履约年度数据监测跟踪、分析与预测，预判仓位、及时预警。

2. 分工开展碳排放量核算和配额仓位测算

安环部：负责编写碳排放资料清单下发至各相关部门，定期收集碳排放管理相关信息、数据和文件，进行碳排放量核算和配额仓位测算。

计划营销部：审核运行部、化水分场等部门提交的碳排放相关数据月报表，审核确认后提交安环部。编制技术经济指标月报，提交安环部用于数据分析。

财务部：燃煤、燃油及外购电量等出入库凭证及财务明细月报整理；负责

上网电量、售热量等财务票据及明细账的整理。负责年度固定资产、工业总产值数据计算及报表提供。

运行分场：负责入炉煤量、燃油量、发电量、上网电量、供热量的监测统计，做好月度辅机厂用电量的监测统计，保存监测统计记录。负责供热比计算相关参数（如主蒸汽流量、温度、压力，给水流量、温度、压力等）的监测统计，并保存好监测统计记录。

化水分场：负责入炉煤质化验，按月整理入炉煤质检测月报、元素碳含量检测报告，并对原始资料进行保存。

3. 建立预核查机制，加强人员应对核查能力

碳排放核查为主管部门委托第三方核查机构对企业碳排放数据情况进行的现场核查。为确保做好碳排放报告编写、监测计划制订以及核查应对工作，需要在第三方核查工作开始前，提前开展自查准备工作。具体工作措施为：①根据资料清单进行资料准备，对各项数据的原始资料及交叉验证材料进行全方面的筹备，同时保证各项数据的一致性，对于不一致的数据提前制定解决方案；②提前规划核查应对措施，并对现场核查过程中可能存在的问题进行部署。

### （二）积极开展碳管理能力建设，提升管理水平

持续开展碳管理能力建设培训，培训主题涵盖碳市场背景、最新政策解读、数据监测及核算要求、配额分配、交易履约等内容，全方位提升华电莱州电厂管理人员政策把控及风险应对能力以及碳管理专业能力。同时，每季度编制刊物，报道当季度国内外最新的碳排放资讯要闻，记录华电山东区域及各厂碳排放管理工作进展，深入分析华电莱州电厂碳排放数据，有效提升其管理人员的综合能力。

### （三）主要成效

有效提升华电莱州电厂碳排放数据质量，履约年度碳排放量初始报送准确率均超过99.99%。通过持续有效的数据管理，华电莱州电厂取得了较大的碳配额盈余量。

## 三、经验启示

1. 持续监测跟踪当期月度数据，每月对碳排放相关数据进行汇总梳理，及时纠偏，监测跟踪配额当期仓位情况。

2. 对碳交易和履约相关工作流程进行梳理，明确责任部门及相关部门的职责分工，从账户管理、碳资产盈缺及市场分析、年度预算、交易策略、交易执行及履约清缴等方面明确工作内容及具体要求。

3. 积极参与华电集团、华电集团山东分公司组织的碳排放相关培训，同时在华电莱州电厂内部定期开展碳管理培训工作，向各相关部门的基层人员贯彻落实主管部门的政策方向，宣贯最新的政策规定要求，并积极部署相关工作按照最新规定开展，确保公司碳排放数据的合规性，提高基层人员的执行能力。

# 案例6 技术创新助力构建碳排放监测体系

### ——华电电力科学研究院碳排放数据管理探索与实践

## 一、背景情况

随着应对气候变化职能转隶至生态环境部，温室气体监测研究不断深化。2019年编制的《生态环境监测规划纲要（2020—2035年）》提出遵循“核算为主，监测为辅”的原则，将温室气体监测纳入常规监测体系统筹设计。我国固定污染源烟气排放连续监测系统（CEMS）在颗粒物、$SO_2$和$NO_x$等传统污染物排放的监测已具有较为成熟的政策法规体系和实践经验，$CO_2$与$SO_2$或$NO_x$等气态污染物同源同种，具备连续监测的技术基础。

国家对于$CO_2$排放连续监测技术研究具有迫切需求，亟须围绕其开展一系列应用研究，为国家优化比选便于政府监管、易于企业操作、提升管理效率的碳排放报告方法提供决策支撑。为加快$CO_2$排放连续监测技术研究及应用，华电电力科学研究院（以下简称华电电科院）成立课题组，对烟气二氧化碳排放连续监测技术应用涉及的技术难题再深化、再研究，推动《火电厂烟气二氧化碳排放连续监测技术规范》完成2019年行业标准立项。华电电科院作为标准的技术牵头单位，围绕标准制定开展了大量的研究工作，并在火电机组进行了示范应用，形成了对政府部门相关决策具有参考价值的二氧化碳排放连续监测技术应用的研究结论和成果。

## 二、主要做法

华电电科院搭建电力行业首个碳排放在线检测实验平台，实验平台由烟气配气系统、加热系统、混气系统、检测系统等组成，采用世界先进的量子级联激光气体分析技术，对模拟及实际电厂烟气中的二氧化碳排放量进行精准测量，实现碳排放在线监测技术在电厂复杂应用场景下的模拟和研究，开展CEMS监测$CO_2$与物料衡算法的对比研究，为碳排放在线监测技术推广应用提供科学依据。

基于实验平台研究成果，华电电科院作为技术牵头单位开展了《火电厂烟气二氧化碳排放连续监测技术规范》行业标准研究，通过选取典型机组开展$CO_2$排放连续监测技术应用示范，研究制定了适用于我国火电厂的$CO_2$排放连续监测技术规范，并针对火电厂特点创新提出烟气流速监测分级准确度要求和三维皮托管流速校准技术，实现$CO_2$排放数据的准确监测，为火电厂碳排放监测提供了技术支撑和规范依据（图5–7和图5–8）。

图5–7　首家碳排放在线检测实验平台（华电电力科学研究院/供图）

图5-8　二氧化碳排放连续监测现场应用示范（华电电力科学研究院/供图）

基于研究成果，论证了以“连续监测”为方向及突破口的碳排放数据管理新理念。华电电科院在集团内选择火电机组安装二氧化碳连续监测系统（$CO_2$-CMES）进行示范应用，连续监测结果较为稳定，与《企业温室气体排放核算方法与报告指南　发电设施》中指导的核算办法结果具有较强的一致性，两者碳排放量的相对偏差从14%降至5%左右。充分论证了二氧化碳排放连续监测技术的可行性，保障连续在线监测数据参与碳市场交易的公平性。为未来国家大规模推动该技术实施提供了决策依据，对国家推动温室气体和大气污染物的协同管理、实现碳排放数据的实时性和信息化具有重要意义，有显著的推广应用价值。

## 三、经验启示

1. 形成涵盖性能指标、监测站房、安装、调试、验收和质量保证等技术内容的碳排放在线监测技术体系，编制形成行业标准《火电厂烟气二氧化碳排放连续监测技术规范》，填补发电行业碳排放连续监测技术标准的空白。

2. 研究充分论证了二氧化碳排放连续监测技术的可行性，监测数据满足全国碳市场发展的内在需求，为连续监测技术的推广应用提供了理论数据支撑。

研究成果积极服务国家碳监测体系的构建，有力推动了烟气二氧化碳连续监测技术示范和推广应用。

3. 为生态环境部针对我国发电行业碳排放报告方法学完善的政策决策提供技术支撑；建立了一支国内领先的碳排放监测研发团队；对助力温室气体和大气污染物协同管控和支撑碳达峰碳中和战略落地提供了技术和人才支撑。

## 案例7 开展煤检实验室CNAS认可，提高碳排放数据质量

——国家能源集团碳排放数据管理探索与实践

### 一、背景情况

根据生态环境部《企业温室气体排放核算与报告指南　发电设施》，火电机组碳排放核算采用排放因子法，煤电企业的入炉煤量、元素碳含量、全水分等是核算机组碳排放的主要参数，其中元素碳含量、全水分是通过燃煤采制化后得到的。重点排放单位依据排放数据、配额数据进行碳市场交易履约，高质量的碳排放数据是碳市场公平公正交易和健康发展的重要基础，也是控排企业加强碳资产管理，实现低成本履约、保值增值的先决条件。

国家能源集团拥有174家火电企业和自备电厂，企业间生产环境、管理水平各异。作为全国碳市场排放大户，国家能源集团以维护全国碳市场规范有序运行为己任，加强能力建设，从2022年开始，全集团煤电企业全面开展煤检实验室中国合格评定国家认可委员会（CNAS）认可工作，规范了碳排放管理，碳排放数据质量得到了显著提升。

### 二、主要做法

#### 1. 执行情况

2022年3月，国家能源集团下发通知全面启动CNAS认可工作，按初次申请

和扩项申请、已有碳氢检测设备和需购置碳氢检测设备，分批次推进。到2022年年底，国家能源集团全部火电企业（管理口径150家）配备了碳氢元素分析仪，9家初次申请企业和39家扩项企业的煤检实验室获得了CNAS认可。2023年4月，完成了初次申请59家、扩项23家企业的CNAS认可工作，预计到2023年9月底，完成全部企业的CNAS认可工作。

2. 主要问题及解决措施

CNAS认可不仅需要配备符合标准的采制化设备、环境条件，还需要建立完备的管理制度、配齐符合要求的专业技术人员。经现场调研评估，初次申请实验室环境改造投入为10万～15万元，新增采样、检测分析仪器采购费用为70万～220万元。完善制度体系、培训人员，也需要大量集中的人员和时间投入。国家能源集团严格按照CNAS认可要求，认真开展各项工作，高标准通过评审。2022年4月邀请评审专家集中对全部企业开展了认可标准、流程、要求等培训。2022年5月至2023年1月，组织国家能源集团科学技术研究院等内部专业化单位到现场为企业集中提供技术咨询，协助更新检验设备、规范检验流程、完善实验室相关制度。2022年8月，在国家能源集团统一行动下首个企业通过认可评审，获得CNAS资质。

3. 主要成效

把规范管理、提高数据质量融入CNAS认可工作中，开展火电企业煤检实验室入炉煤元素碳数据质量监督抽查。火电企业在自行开展燃煤元素碳检测的同时，把相同煤样寄送至国家能源集团科学技术研究院，对煤样进行复测，比对结果，分析偏差原因，提出改进要求。

**降低了样品检测超差率。**对于样品代表性偏差率超差判断标准如下：

2021—2023年，国家能源集团样本超差率呈现下降趋势。超差率的变化可大致分为3个区间：一是2021年7月至10月，样本超差率在20%以上，但下降趋势明显，说明采制样人员操作逐步规范；二是2021年10月至2022年6月，样本超差率降至15%～20%内；三是2022年7月至2023年3月，样本超差率除个别波动外均稳定在5%～10%内（图5–9）。

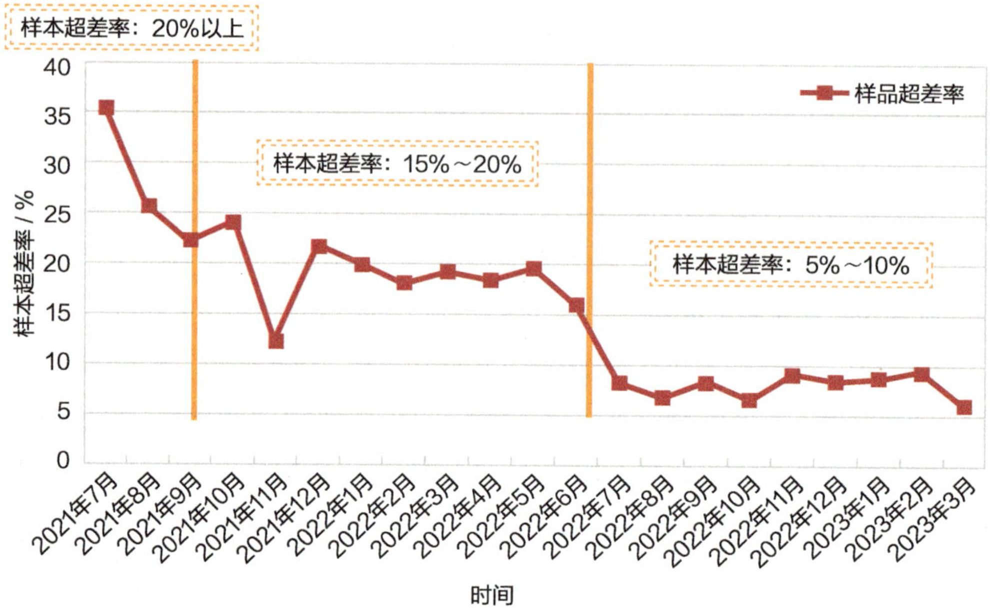


图5-9　月综合样样品代表性指标情况

**总体实施步伐快，效果显著。**2022年3月启动CNAS申请工作，到2022年7月已初见成效，样本超差率有明显下降。通过CNAS认可工作，较快提升了碳数据质量。

## 三、经验启示

全面开展火电企业煤检实验室CNAS认可是规范管理、提高碳排放数据质量的有效途径。集中开展培训，组织内部专业化单位提供技术支持，通过定期监督抽查能加快CNAS认可步伐。通过CNAS认可，全面提升了火电企业碳自检能力，有效提升检测数据的准确度和可信度。CNAS认可申请过程中，火电企业制度体系逐步完善、实验室环境得到了改善、设备得到了更新，企业碳排放管理能力显著提升，为在全国碳市场完成交易履约、推进控排减排夯实了基础。

## 5.4 研判趋势开展碳交易

### 案例8 数据管理推动交易决策的体系构建

——华电潍坊发电有限公司碳交易探索与实践

#### 一、背景情况

发电行业是目前唯一纳入全国碳市场的重点排放行业，碳排放履约成本将作为企业又一重要的经营成本纳入电厂日常管理。而电力企业普遍缺乏碳交易履约的理论基础和实践经验，且缺少相关的交易决策基础。因此，对于碳排放强度与生产运营的关系研究，以及企业如何将应对低碳管控新形势落实到成本收益核算中，进而构建碳交易乃至生产运营的决策体系，显得尤为重要。

面对全国电力行业碳排放交易履约的临近，电力企业如何针对自身生产运行开展配额盈缺的预判、如何判断碳市场配额的价格，以及如何具体实施配额买卖并反向指导生产，保障履约任务完成的同时实现成本最优，是当前电力企业最迫切需要解决的难题。华电潍坊发电有限公司建立了公司运营综合成本模型，研究公司生产经营中煤炭采购掺配、燃烧过程控制等关键环节的控制路径；结合碳交易市场和电力交易市场的相互关系，研究同时参与碳交易与电力市场化交易对华电潍坊发电有限公司生产经营以及企业利润的影响；结合前述研究，研发华电潍坊发电有限公司交易决策平台，通过对生产经营各环节的控制优化为碳排放决策提供技术支持。

#### 二、主要做法

1. 研究碳排放强度与生产运营的关系

通过对燃煤堆放煤质变化规律研究，可以合理制订燃煤的采购计划和调运计划；通过掺配优化研究，能够使机组安全性、经济性和环保性得到优化，提供相应的掺配建议；通过燃烧前后煤质参数与碳排放强度研究得到两者之间对应的关系。在此基础上，以煤质参数为主线，形成煤质与碳排放强度之间的关系库，包含煤炭价格因素、堆放规律、掺配方式、燃烧前后煤质参数与碳排放之间的关系。

2. 制定碳交易策略

针对电力行业配额盈缺情况、碳交易价格波动的趋势性和周期性特点，对碳交易市场价格进行分析。将影响碳交易价格的不同宏观经济因素和碳价格时间序列因素作为输入变量，探索除受化石能源的影响外，国内碳价格影响因素是否受欧洲气候交易所的欧盟碳排放配额期货价格、GDP增长率、气候等因素、配额分配方法的影响；并在此基础上厘清碳价影响机理，为后续构建交易仿真平台做基础支撑。同时，以国内碳市场为研究对象，综合考虑不同市场情景及市场主体交易策略下的碳市场价格趋势、电厂碳排放配额盈缺情况等，以降低综合成本为目标，在进行交易履约、区域内部调配、配额持有和买卖等方面提供公司层级的履约管理决策建议。

3. 开展成本收益评估

构建发电企业基于碳排放交易的成本收益评估模型，综合考虑多种成本收益因素，实现对电力企业生产经营成本的实时评估。考虑电力市场的现状、煤炭指标以及碳市场交易的活跃度等外部约束条件的影响因素，以二氧化碳排放和煤耗最小为目标，对燃煤火电机组的电量分配进行优化，同时对计划模式和节能减排模式下机组的煤耗、排放情况及发电供热收益进行比较，为二级公司电量分配决策和竞价决策提供建议。结合企业自身的生产运行因素和外部市场因素，能够帮助企业准确核算碳交易体制下企业生产经营成本与收益，同时也能够为发电企业在碳交易市场背景下的生产运营决策提供重要依据（图5-10）。

4. 研发碳交易辅助决策平台

结合本项目前序研究的分析模型及相互间的逻辑关系、算法、管理机制等研究成果，考虑发电燃料成本、发电供热收益以及碳排放成本及收益，以电厂

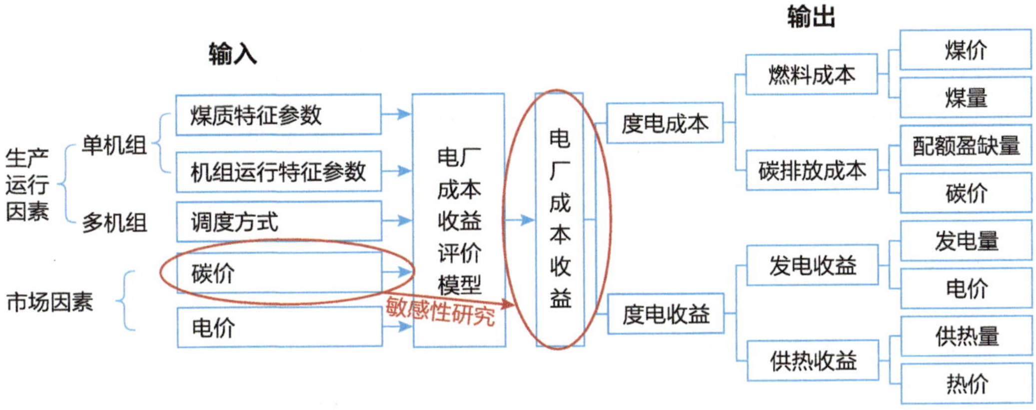


图5-10　月综合样样品代表性指标情况

经济运行收益为优化目标，通过相关性分析与多元线性回归理论构建机组调度与成本分析模型。利用回归的成本分析模型，进行不同生产调度情况下的成本预测分析和控制；结合对煤质分析和生产调度的研究成果，以及碳交易决策的研究成果，以电厂最佳综合经济性为最终目标进行优化，为碳交易、碳履约以及生产经营各环节控制决策提供技术支持，实现高效、科学决策体系的信息化支撑。

## 三、经验启示

虽然国内外有关碳排放和电力企业经营决策、碳排放权交易价格和碳排放市场交易机制的研究十分丰富，但是均没有将碳交易因素、电力交易因素与企业实际生产经营决策和交易履约决策结合，并反过来指导电力企业实际生产运营决策的。

华电潍坊发电有限公司借助数据分析方法和不同模型的建立，将不同生产运营决策与碳排放进行有机结合，突破了现有碳排放数据仅用于核算报告的应用情景，并能结合市场基本面分析，对碳市场价格进行预测，从而指导企业碳交易决策，填补了国内外在碳交易与电力企业经营决策领域的研究空白，具有很强的实用性和示范意义。

# 案例9 积极开发碳减排项目，有效降低碳交易成本

## ——深圳能源集团股份有限公司碳交易探索与实践

### 一、背景情况

深圳能源集团股份有限公司（以下简称深圳能源集团）在全国碳市场正式启动前已开展了碳减排项目管理机制，积极参与国际碳市场。深圳能源集团东部电厂发电工程清洁发展机制（CDM）项目、惠州深能源丰达电力有限公司油改气CDM项目分别于2011年、2013年完成联合国CDM执行理事会（EB）注册。

2012年6月，CDM项目转为CCER项目，2015年11月获得第三类CCER签发量60.3万吨，2021年12月深圳能源集团所属控排企业利用CCER抵消碳配额履约置换出60.3万吨全国碳市场配额。全国配额价格按60元/吨计，价值3 618万元，剔除开发成本，增加收益约3 500万元，成效显著。

### 二、主要做法

2011年后，国际CDM市场持续低迷，当时若签发核证减排量出售仅能勉强收回开发成本，深圳能源集团碳资产管理团队研究后决定暂不出售，静待市场机会。2012年6月，国家发展改革委出台了《温室气体自愿减排交易管理暂行办法》。经研究，深圳能源集团东部电厂、惠州深能源丰达电力有限公司两个CDM项目均符合转国内CCER项目的开发要求，随即启动CDM项目转国内CCER项目开发，2015年11月获得第三类CCER签发量60.3万吨。当时国内试点碳市场均不接受第三类CCER抵消碳配额履约，随后的5年多时间，第三类CCER价格持续低迷。其间多家机构希望以0.5～1.0元/吨的价格购买，深圳能源集团碳资产管理团队组织专题研究后决定不出售。

2021年12月，生态环境部发布《关于做好全国碳排放权交易市场第一个履约周期碳排放配额清缴工作的通知》（环办气候函〔2021〕492号），规定

CCER不区分类别可用于控排企业抵消碳配额履约，CCER价格大幅上涨。深圳能源集团碳资产管理团队提前谋划，精心组织有关企业及时开立CCER注册账户和交易账户，气电企业开发的60.3万吨第三类CCER及时出售给深圳能源集团控排企业深圳妈湾电力有限公司和深圳保定发电有限公司抵消碳配额履约，置换出60.3万吨全国碳市场配额，大幅提升了气电企业减排资产价值。

### 三、经验启示

1. 密切跟踪碳市场政策变化，并积极参与高效管理碳资产的重要策略研究。结合国内国际碳市场政策变化，及时调整交易策略，对碳资产保值增值、减排资产开发利用价值的影响意义重大。

2. 建立碳资产管理体系是高效管理碳资产的重要步骤。一个完善的管理体系可以确保企业能够全面管理碳资产，有效降低碳履约成本，提升减排资产价值。

3. 加强碳资产管理人才培养，提升碳资产管理团队业务能力也是高效管理碳资产的关键因素。

## 5.5 低碳技术助力节能降碳

### 案例10 节能改造使“老火电”迎“新生”

——华电国际电力股份有限公司邹县发电厂低碳技术探索与实践

### 一、背景情况

华电国际电力股份有限公司邹县发电厂（以下简称邹县发电厂）现拥有8台燃煤发电机组，总装机容量464万千瓦。其中1#～4#机组为亚临界30万等级机组，投产于1985—1989年；5#、6#机组为亚临界60万等级机组，两台机组自

1997年投产以来，已累计运行超过25万小时；7#、8#机组为全国首批超超临界百万机组，两台机组自2007年投产以来，已累计运行超过10万小时。因各机组均为同类型机组的首批投产机组，受投产时设计技术水平限制，且随着机组老化等因素影响，机组能耗水平、可靠性优势不再明显。

## 二、主要做法

根据国家发展改革委发布的《全国煤电机组改造升级实施方案》要求，统筹安排对机组实施节能、供热、灵活性“三改联动”节能降碳升级改造。2020年，首先对8#机组进行整机综合节能升级改造，这也是国内首台百万综合节能升级改造。开发了集机组检修数字标准体系、先进软硬件技术、检修实施阶段智慧管控于一体的检修规范化管理平台，运用国内最先进的第四代汽轮机通流提效技术进行改造，实施了配汽方式、通流技术、高压模块、叶片构型、汽封型式、进汽密封等应用创新，显著提高了机组的节能降耗和运行可靠性水平。同时，还深入开展了基于煤质在线的自适应运行优化、适应宽负荷的安全及灵活性运行、一体化协同排放治理等现代化智能化技术研究，具备了额定负荷35%以下的调峰能力。为同类型机组实施“三改联动”提供更可靠的“智慧”支撑与示范经验。邹县发电厂节能改造现场见图5-11。

图5-11　邹县发电厂节能改造现场（邹县发电厂/供图）

## 三、经验启示

“小机组”改造，降碳减污效果明显。累计节约标煤230万吨、减排二氧化碳约600万吨，同时大幅减少了二氧化硫、氮氧化物、烟尘等烟气污染物的排放；“大机组”改造，实现科技降碳，汽轮机通流改造后，使机组的排汽损失、压力损失、漏汽损失等得到大幅降低，煤耗降低24克/（千瓦·时），年节约标准煤约13万吨，减排二氧化碳34万吨，机组最低稳燃负荷达到30%。作为“老火电”企业，邹县发电厂在能耗指标不占优势的情况下，积极探索开展机组节能低碳改造，为同类型的30万级、60万级、100万级机组实施“三改联动”提供了技改示范经验。

# 案例11 供热改造提高能效惠民生

——大唐阳城电厂低碳技术探索与实践

## 一、背景情况

大唐阳城电厂一期是国家“九五”重点建设项目，建设规模为210万千瓦，安装6台35万千瓦进口亚临界湿冷机组。该项目于1997年8月1日开工建设，2002年7月27日全部投产。大唐阳城电厂二期是国家“十五”重点建设项目，建设规模为120万千瓦，安装两台60万千瓦国产亚临界空冷机组。该项目于2005年5月18日正式开工建设，2007年9月20日两台机组投产。

大唐阳城电厂地处晋城市阳城县北留镇，西距阳城县城15千米，东距晋城市36千米。该集中供热项目未实施前，晋城市区居民供热由晋城国投热电两台30万千瓦热电联产机组，以及市内周边数个低效燃煤采暖小锅炉提供热源，供暖季期间严重影响市内环境质量并造成当地燃煤资源的浪费。按照国家可持续发展战略、节能减排规划和节能降耗相关政策要求，中国大唐集团有限公司加快推进煤电机组“三改联动”的战略部署落地，大唐阳城电厂积极主动与地方政府沟通，加快启动向晋城市区供热项目，项目于2021年年初开工，2021年11月供热系统首次投入运行（图5-12）。

图5-12 大唐阳城电厂至晋城市区集中供热热网工程总平面布置图

## 二、主要做法

大唐阳城电厂向晋城市区集中供热项目分为厂内供热和厂外输送两部分。大唐阳城电厂负责厂内机组改造和厂内供热系统投资运营，晋城市热力公司负责投资运营长26千米的外网长输干线，大唐阳城电厂为该供热管网的唯一热源。

电厂热源供应采用60万千瓦机组乏汽供热+35万千瓦机组抽汽供热串联方式。低温的热网循环水（回水）进厂后，首先进入机组高背压换热器进行一级加热，其次进入热网首站，经循环水泵加压后送入加热器进行二级加热，最后将高温循环水（出水）送入供热管网。热网沿途设置换热站，换热后将热量输送给用户后，低温循环水返回大唐阳城电厂。

电厂内部改造主要包括四部分：一是新建一座热网首站。热网首站位于厂区东北角，与厂内8号机组直线距离270米，安装循环水泵、加热器等。二是对60万千瓦机组乏汽供热进行改造。由厂内8号机组低压缸喉部引出2根乏汽管道，分别接入新增的中背压凝汽器和高背压凝汽器汽侧，热网循环水从首站方向进入厂区后先经过凝汽器加热，再返回热网首站。三是对厂内35万千瓦机组进行了中低压缸连通管抽汽供热改造。四是进行厂内蒸汽和循环水管网建设。对厂内35万千瓦机组新建2根蒸汽母管，1～3号机组抽汽汇集至1号蒸汽母管，4～6号机组抽汽汇集至2号蒸汽母管，1号、2号蒸汽母管之间设置联络门。大唐阳城电厂供热改造现场见图5-13。

图5-13　大唐阳城电厂供热改造现场（卢利军/拍摄）

## 三、经验启示

大唐阳城电厂集中供热项目中采用先进生产工艺系统，采用汽轮机高背压供热技术向城市供热，切实提高了全厂热效率、降低了发电煤耗，达到节能减排、高效利用能源的目的，取得了多方面效益。

**一是社会效益。**项目通过对区域内现有煤电机组改造升级，利用大唐阳城电厂机组抽汽和循环水余热用于城市建筑供热，提供了3 000万平方米的供热能力，惠及60万人口实现清洁用暖，使城市全部实现清洁取暖，进一步加强了民生供热保障能力。首个供热季总供热量659万吉焦，2022年对该供热系统进行了优化，2022年12月18日，单日供热量达到7.6万吉焦。此外，该项目完全替代了晋城市区内原有散烧供热锅炉，有助于城市进一步发展和规划。

**二是经济效益。**项目建成运营后，大唐阳城电厂作为晋城市新建供热管网的唯一热源，占据城市50%～70%的供热市场，有助于企业的长期稳定发展。此外，企业将60万千瓦汽轮机冷凝余热回收用于城市建筑供热，相当于在不增加大唐阳城电厂容量、不增加污染物排放、耗煤量和发电量都不变的情况下，扩大了热源的供热能力，提高了综合能源的利用效率，增加了大唐阳城电厂热电联产综合收益。投运首年即节约标准煤近10万吨，2022—2023年供热季节约标准煤近20万吨，项目全容量达产后可年节约标准煤约28万吨。

**三是环境效益。**大唐阳城电厂已于“十三五”初期完成超低排放改造，该项目全容量建成运营后替代原有市内散烧供暖锅炉，2022—2023年供热季减排二氧化碳52万吨、二氧化硫2万吨、氮氧化物1万吨、烟尘0.8万吨，保护了市区生态环境，美化了人民生活空间，环境效益显著，对助力全国、地方“双碳”目标如期实现具有重要的意义。

## 案例12 灵活性改造助力电力低碳发展

——江西大唐国际抚州发电有限责任公司低碳技术探索与实践

### 一、背景情况

江西大唐国际抚州发电有限责任公司（以下简称大唐抚州电厂）装有2台100万千瓦燃煤发电机组，分别于2015年12月和2016年4月投产。三大主机均采用东方电气集团公司的产品：锅炉型号为DG3060/27.46-Ⅱ1型，超超临界参数、变压直流炉、对冲燃烧方式、固态排渣、单炉膛、一次再热、平衡通风、全钢构架、全悬吊π型结构；汽轮机为N1000-26.25/600/600型，超超临界、一次中间再热、单轴、四缸四排汽、双背压、凝汽式汽轮机；发电机采用型号为QFSN-1000-2-27的水氢氢冷却汽轮发电机，自并励静止励磁，冷却方式采用水氢氢冷却。改造前机组最低调峰深度为40%额定负荷，制约机组调峰深度进一步下降的因素有锅炉稳燃性及协调控制品质差、脱硝入口烟温低、脱硝出口

$NO_x$分布不均、锅炉水冷壁温度偏差大、高低加逐级疏水不畅、给水泵组汽源压力、主再热汽温低、汽轮机叶片振动大等。

## 二、主要做法

针对可能影响机组深度调峰进一步下降的制约因素，相关专业人员深入分析、广泛开展调查研究，采取重点设备技术改造、系统运行方式优化等不同的灵活性调峰改造措施，其中设备技术改造总投资1 000余万元。

1. 增加一层等离子点火装置，提高锅炉燃烧稳定性

锅炉采用前后墙对冲燃烧方式，总共48只旋流煤粉燃烧器，分3层布置，每层16只旋流煤粉燃烧器。为使机组具备深度调峰能力，并进一步增加负荷响应速率，实现稳定快速冷炉启动和低负荷稳燃，将F层（底层）燃烧器改造为等离子点火系统，加上原有A层等离子点火装置，机组配备双层等离子点火装置（图5-14）。

图5-14　大唐抚州电厂1号机组等离子改造试验（常青/拍摄）

2. 全面优化机组协调控制逻辑，提升协调控制品质

大唐抚州电厂根据机组实际运行特点，提出了适用于机组深度调峰的宽负荷关键智能控制技术优化方案，主要开展了低负荷下机组动态特性试验与数学建模、低负荷下协调控制系统非线性参数控制逻辑、低负荷下保护及顺控启停关键技术优化逻辑、深度调峰关键智能控制技术的静态调试及热态调试等优化工作。具体包括协调控制关键控制参数边界的非线性延伸、分散控制系统基础逻辑关键技术优化、开展辅机自启停控制策略优化工作、基于宽负荷深度调峰关键智能控制技术的综合调频性能参数提升优化等。

3. SCR脱硝智能优化控制（精准喷氨）技术改造

精准喷氨解决了低负荷烟气流场不均、喷氨总调阀门线性不佳等问题，同时提高脱硝入口烟气流量、脱硝出口$NO_x$、氨逃逸测量的准确性，通过自动控制系统优化及精细化调整，提高脱硝自动调节性能，降低氨逃逸量，减少硫酸氢铵的生成，减小硫酸氢铵在空预器内沉积，有效提高机组运行安全及经济效益（图5-15）。

图5-15　大唐抚州电厂1号机组等离子改造试验（常青/拍摄）

## 三、经验启示

火电机组深度调峰有效促进了新能源消纳，有力缓解了新能源大规模化运行对电网的冲击，保障了电网安全运行，但也给自身安全稳定运行带来了困扰。例如，等离子点火装置各备件均有使用寿命周期，调峰时间长、频率高易发生阴阳极头烧损导致拉弧失败；当载体风速比例调整不当时，弧压过大易发生水冷壁超温、燃烧器区域结焦、结渣等情况。又如，机组灵活性调峰易引发受热面应力疲劳，引发四管泄漏、汽轮机末级叶片损伤等问题。

为切实保障机组安全稳定运行和足额提升调峰能力，火电机组需要采取一系列措施强化运维管理，包括加强等离子的定检和维护工作，及时发现各部件存在的烧损情况并立即进行更换；对锅炉受热面易发生应力疲劳部位，结合机组检修和停备机会对该部位重点排查，尽量确保机组安全稳定运行；运行人员要优化操作调整手法，避免因载体风速比例调整不当引起超温、结焦现象等。经过灵活性调峰改造后，经相关单位进行深度调峰能力验证与评价试验，30%额定（30万千瓦）的深度调峰工况机组运行正常，主要参数稳定，相关指标均满足技术规范要求。本改造案例使机组深度调峰能力增加10万千瓦，按等量配套新能源装机容量、年利用小时2000小时计算，单台机组每年可促进新能源消纳2亿千瓦·时，可减少全社会碳排放16万吨以上。

# 案例13 推进新燃料耦合发电项目促减排

——福建华电永安发电有限公司低碳技术探索与实践

## 一、背景情况

福建华电永安发电有限公司（以下简称华电永安电厂）装有2台30万千瓦循环流化床机组，分别于2011年7月和2012年5月投产。为履行“提供绿色能源，服务社会经济，创造人文价值”的企业使命，进一步减少单位耗能碳排放量，华电永安电厂于2012年启动了新燃料（城市固体废物、生物质等）耦合发电项目，2018年建成投产，实现了年节约标准煤约9万吨、减排二氧化碳约20万吨的目标。

## 二、主要做法

### 1. 推进新燃料耦合发电项目

自2012年起，华电永安发电厂利用循环流化床锅炉燃料适应性广及高效环保设施的优势，在福建省内率先构建城市固体废物终端处置平台，为各级产废单位提供固体废物整体解决方案，率先用点对点监管方式对城市固体废物、生物质进行协同处置，实现了城市固体废物的减量化、资源化和无害化处理。该项目于2018年3月正式投产，同年11月项目生产线达到设计产能。

城市固体废物经供应商前侧筛选、剔除塑料、金属等有害物质后，通过汽车运送到固体废物车间进行二次破碎，破碎后的物料采用气力输送方式进入循环流化床（CFB）锅炉掺烧。成型的固体废物燃料也可直接送至煤场，通过输煤皮带、给煤口送入CFB锅炉掺烧。

固体废物耦合发电技术工艺流程见图5-16。

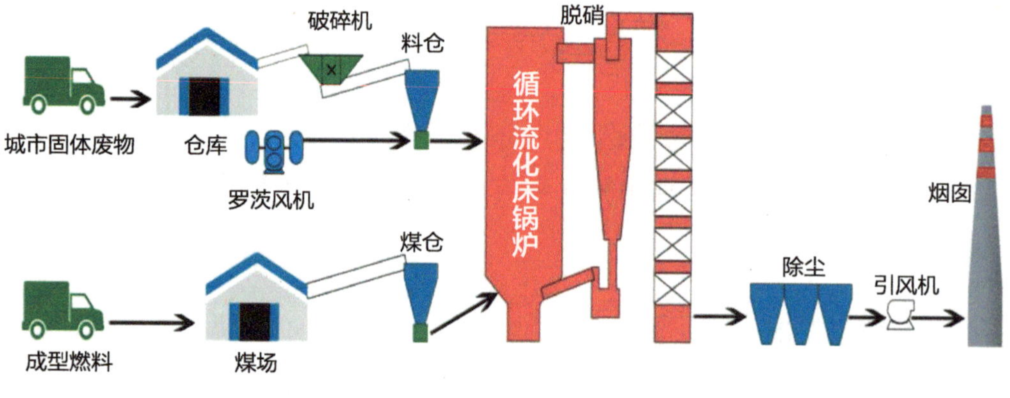


图5-16 固体废物耦合发电技术工艺流程

2. 持续优化拓展新燃料掺烧范围

2019年新燃料气力输送系统达到设计产能，完成工程竣工验收，全年掺烧新燃料13.5万吨。持续推进固体废物资源开发，资源保有量超过处置能力，成功掺烧贡川水电站河道漂浮物，开创中国华电先例，取得经济效益与社会效益双丰收。项目关键技术在中国电机工程学会鉴定会上被认定为国际领先水平，荣获2019年度中国电力科学技术三等奖、2019年度华电集团科技进步二等奖，并入选生态环境部“无废城市”建设试点先进适用技术清单（第一批），项目被评为省级先进环保实用技术示范工程。

3. 提升环保水平，创新燃料耦合发电

2020年对新燃料车间开展微负压厂房封闭改造、喷雾抑尘改造及除尘通风改造等工作。改造后的车间作业环境得到当地生态环境部门的认可，成为周边40多家企业环保改造的样板。新燃料耦合发电项目自2012年启动以来，公司员工通过自主创新研发、自行设计改进破碎系统、上料系统等，实现了最大日掺烧新燃料700多吨的能力，先后获得11项新型实用技术专利。

## 三、经验启示

在改造执行过程中针对机组启停机过程实现超低排放存在技术“瓶颈”，开展“基于分区优化的CFB锅炉炉内精准燃烧优化与硫氮污染物深度抑制技术研究”科技项目，实现机组全时段超低排放，并进一步降低硫氮污染物排放量。针对进一步拓展碳减排空间，开展新燃料耦合发电项目增量环评工作，力争增大掺烧生物质、固体废物等新燃料，以实现30%年耗煤量替代目标。

新燃料耦合发电项目属国内首创，很好地利用了城市一般固体废物的有效热值用于耦合发电。该项目推广应用后，福建省内无须再新建生活垃圾焚烧电厂，有效解决困扰各级政府的垃圾焚烧电厂建设难的问题，同时避免了社会重复投资，减量化、资源化和无害化的解决了各级政府面临的一般工业固体废物、生活垃圾、城市污泥、大件家具垃圾、园林绿化垃圾、河道漂浮垃圾等难以无害化规范处置的问题。

# 案例14 积极探索碳捕集利用与封存技术

## ——国家能源集团泰州发电有限公司低碳技术探索与实践

### 一、背景情况

我国的电力供应仍以火电为主，受到资源禀赋、能源安全等因素的影响，我国火力发电机组的装机容量占比和燃煤电厂的煤炭消费量在短期内难以实现大幅度调整。因此，在高碳能源结构和能源需求迅速增加的双重作用下，碳捕集、利用和封存技术（CCUS）是大型燃煤电站实现低碳发展的不二选择。

我国碳捕集技术研究起步晚，目前已建成十几个小规模碳捕集示范工程，多属于石化、化工和建材行业，发电行业较少。由于煤电机组排烟体积流量大、烟气中二氧化碳分压低、烟气成分复杂等原因，其碳捕集难度大、成本高。

### 二、主要做法

国家能源集团泰州发电有限公司（以下简称泰州电厂）碳捕集、利用与封存（CCUS）项目于2022年3月22日实现高标准开工，同年年底完成主体建设安装，2023年5月15日实现整组启动，6月2日顺利通过试运投入运行。该项目是目前亚洲在运碳捕集规模最大的煤电CCUS项目。工程核心技术均为国内自主知识产权，所有设备均为国内生产制造。项目成功申报多项攻坚课题，如成功申报江苏省科技厅“碳达峰碳中和科技创新项目——燃煤电站超大规模碳捕集利用及封存技术研发与重大科技示范”，获批“江苏省大规模碳捕集利用与封存工程中心”，获批“泰州市火电行业绿色低碳工程研究中心”，并被纳入2022年江苏省能源领域重大项目清单。

**百分百国产化。**泰州电厂碳捕集、利用与封存项目坚持“节能、增效”两大原则，持续优化设备选型，采用变频可调离心式引风机；采用变频可调离心式压缩机；主要换热器采用新型板式换热器；项目所有设备均实现百分百国产化。

**耦合下的低能耗。**项目采用碳捕集系统与燃煤电厂汽、热、电深度耦合方案，煮沸器疏水热量全部回收利用。利用火电厂自有资源，选取最佳条件低成本捕获电厂烟气排放中的二氧化碳，每吨二氧化碳捕集热耗小于2.4吉焦。

**低阻高效塔内件。**采用小齿顶角填料，压降可降低15%～30%，传质效率提高10%～15%；三级导板窄槽式液体分布器，分布效率可提高10%～50%；梁槽一体式集液箱，气相通道面积增加15%～30%；V形叶片式进料分布器，阻力减少、结构简单。

**新型胺回收装置。**项目增设胺回收装置，通过“干法絮凝+高效除雾器”，有效去除液滴与气溶胶夹带，以进一步降低吸收剂的挥发，胺损失降低30%。

**新型吸收剂研发。**自主研发新型低能耗、高容量、高稳定性三元复配吸收剂，再生热耗较传统30wt.%乙醇胺（MEA）吸收剂下降35%以上。

泰州电厂二氧化碳捕集与资源化利用技术现场见图5-17。

图5-17　泰州电厂二氧化碳捕集与资源化利用技术现场（李慧/拍摄）

### 三、经验启示

**致力绿色低碳技术攻关。**通过摸索超大型碳捕集系统与大型火电厂热力系统耦合规律，掌握煤电机组大规模、低成本、高操作弹性、高自动化程度的碳捕集技术路径，为更大规模及全机组的低成本碳捕集工程实施积累经验。

**促进火电绿色低碳转型。**碳捕集技术是实现大规模化石能源零排放利用的重要选择，通过项目的实施，降低了二氧化碳排放，减缓了温室效应，为“双碳”目标碳减排技术提供支撑，为火电行业低碳转型起到示范作用。

**带动碳资源产业链发展。**围绕区域产业结构特点开展二氧化碳多途径利用技术研究，突破二氧化碳加氢制甲醇、加甲烷制合成气等工业原料的应用，实现二氧化碳大规模、资源化、能源化消纳利用，建立以碳循环为核心的“火电厂—工业园区”绿色循环经济体系。

**推动自主技术与设备升级。**创新研发并提出了具有自主知识产权的新型三元复合胺吸收剂，掌握了吸收剂合成方法及规模化制备工艺。自主开发碳捕集工艺包，掌握大规模碳捕集项目工艺模拟计算、物料平衡、节能优化等关键核心技术，实现成果转化应用。

## 5.6 创新形式促进低碳发展

## 案例15 电力大数据夯实“双碳”工作数据基础

——国家电网有限公司创新低碳工作探索与实践

### 一、背景情况

目前，我国省级和行业碳排放核算方法高度依赖统计年鉴数据，时效性、精细度难以满足政府决策需求。而我国拥有统一的电网调控系统，电力数据具有实时性强、准确度高、分辨率高、采集范围广、获取成本低且与碳排放显著相关等优点，是开展碳排放测算的优质基础数据源。2022年3月，国家发展改革委碳达峰碳中和工作领导小组委托国家电网有限公司（以下简称“国家电网”）牵头，联合南方电网公司、内蒙古电力公司、新疆生产建设兵团电力集团等单位试点建设全国碳排放监测分析服务平台探索构建“电碳计算模型”，利用电力大数据获得及时、准确、可靠的分地区、分行业高频碳排放数据，成为碳排放统计核算体系的有效补充。

## 二、主要做法

1. 发挥电网组织机制优势，推动平台建设有序开展

国家电网高度重视平台建设工作，在公司碳达峰碳中和工作领导小组下增设了平台建设专项工作组及办公室，统筹管控平台建设进度、质量、安全等工作。强化人员力量配备，建立由电网企业、高校、科研院所有关专家组成的工作专班，为高质量建设平台提供科学指导。建立健全工作管理机制，强化部门协同和常态化沟通，科学审评研究成果，强化创新驱动引领，助力平台建设有序开展。

2. 发挥电力数据管理优势，推动能源数据融通共享

一是构建“双碳”数据标准化存储模式。根据区域行业碳排放监测需求，自主设计“双碳”数据体系，明确24类145项数据需求及28类数据来源。参考联合国政府间气候变化专门委员会（IPCC）数据收集方法，结合我国“双碳”数据特征，研究各类数据接入方案及数据标准体系，搭建统一的数据模型。基于电网企业的数据平台汇聚分行业用电量、省间交换电量等内部数据，依托能源大数据中心汇聚区域行业能源消费、区域生产总值、工业农业活动水平等外部数据，通过数据交互链路汇聚中国南方电网有限责任公司、内蒙古电力（集团）有限责任公司、新疆生产建设兵团电力集团有限责任公司相关数据，实现5 537张数据表、4 150万条“双碳”数据标准化存储。二是坚持以用促治和常态核查提高数据质量。坚持应用导向围绕实际需求设计基础数据质量评价体系，从完整性、准确性、一致性、及时性、合理性5个方面细化稽核规则，提

炼形成14类44项数据稽核规则库。坚持以用促治与常态核查双向并行，健全数据质量核查检验流程，开展“源端—模型—应用”全链条数据治理工作，剔除无效数据，补齐关键数据，有效解决历史数据缺失、字段内容重复、数值突变等问题，稳步提升平台基础数据质量。

3. 发挥电力技术创新优势，助力碳排放监测体系建设

一是深入论证构建科学合理模型。充分发挥技术优势，从“数据可行”“算法可行”“能力可行”等方面深入论证“以电算碳”的科学性、合理性。在遵循IPCC体系基础上，创新采取“以电算能（产）、以能（产）算碳”的思路，构建“电—碳计算模型”。引入机器学习算法开展历史数据回归拟合，实现模型动态自适应调参基于电碳耦合理论，提出动态电力碳排放因子计算方法，实现省间电力转移碳排放按月精准计算。逐步构建“一区域一模型、一行业一模型”，实现全国及31个省（区、市）、14个重点行业碳排放数据按月更新。二是邀请权威专家评审优化模型。在2022年11月模型评审会上，来自中国科学院、中国工程院的5名院士及能源“双碳”领域有关权威专家高度评价模型研究成果，一致认为“‘电—碳计算模型’是对现有碳排放核算方法的创新和有效补充，在国际上属于首创”。国家电网根据专家意见进一步优化完善模型设置，与传统统计核算方法相比，模型数据时效性可提前12～18个月，有效满足高精度、高频度碳排放监测要求。

4. 发挥电力数据价值优势，服务国家“双碳”决策

一是计算结果经全方位、多层次交叉验证获得广泛认可。国家电网基于国家统计局发布的能源消费数据和工业产量数据对平台数据进行核验，全国及分地区、分行业碳排放计算结果偏差率均低于5%。与知名度较高、数据较完整的国内外碳排放数据库进行比对，模型计算结果均处于95%置信区间范围内，具有较高可信性。与清华大学、北京理工大学等高等院校相关数据协同验证结果也高度一致。二是计算结果可为多类主体决策提供数据支撑。国家电网将持续拓展数据应用场景，推动平台数据用于企业碳核查、碳市场交易、绿色供应链及绿色金融等领域，为经济绿色低碳转型和高质量发展提供关键支撑。

## 三、经验启示

1. 科学规划是核心，推动电力大数据监测分析平台成为碳排放统计核算体系的有效补充。国家电网坚持系统观念和全局思维深入开展调查研究，科学谋划工作思路，建立“模型—因子库—方法学”研究路径，推动平台建设取得积极成效。

2. 数据安全是保障，稳安有序推动能源数据的共享应用。国家电网高度重视平台数据安全，将平台作为政企合作的服务节点，依托安全防护技术体系推动能源数据要素的共享应用后续，国家电网将充分利用现有平台基础，探索利用美国、欧盟等主要经济体公开能源数据，开展碳排放试算，支撑《巴黎协定》下的第一次全球盘点，为我国开展气候变化领域多双边谈判提供有力支撑。

# 案例16 红树林蓝碳助力自贸港“双碳”目标

——大唐海南能源开发有限公司创新低碳工作探索与实践

## 一、背景情况

万宁小海位于海南省万宁市东部，是我国沿海地区发育完整的沙坝潟湖体系，是中国最大的潟湖内海，现有面积约43平方千米，周长约43千米。小海经东北部港北口门与外海相连，承载着泄洪纳潮、水产养殖、生物多样性和文化景观等多项功能，盛产和乐蟹、港北对虾和后安鲻鱼。为修复和恢复红树林生态系统，万宁市以“蓝色海湾”综合整治行动为契机，积极推动退塘还湿还林工作。在小海潟湖沿岸修复、种植了红树林3000余亩（1亩=1/15公顷）。同时，小海红树林碳汇交易试点工作被列入海南省《贯彻习近平总书记考察海南重要讲话精神　推进“两山”转化路径先行先试工作方案》重点任务。大唐海南能源开发有限公司（以下简称大唐海南公司）积极对接万宁市政府，会同海碳中心第一时间制定万宁小海红树林蓝碳工作方案，推动相关业务的开展。

## 二、主要做法

2022年12月，大唐海南公司与万宁市政府签订《万宁市蓝碳生态产品价值实现合作框架协议》，全面开展红树林蓝碳业务。据测算，万宁小海红树林蓝碳项目40年净碳汇量累积为76 739吨，年均净碳汇量为1 918吨。其中：5年计入期内，净碳汇量5 506吨，年均净碳汇量1 101吨；20年计入期内，净碳汇量32 850吨，年均净碳汇量1 643吨。在可预期的未来，万宁小海红树林蓝碳项目具有良好的社会价值和经济价值。同月，海碳中心与万宁市政府签订《双碳战略合作框架协议》，双方约定在碳达峰碳中和总体规划和实施路径探索、生态产品价值实现、碳普惠机制研究应用、蓝碳项目国际化发展、碳中和综合服务、绿色金融区域协同、碳资产开发、“双碳”能力建设等方面加强合作。

2023年3月，大唐海南公司积极对接第三届中国国际消费品博览会，制定红树林蓝碳在碳普惠机制下的“碳中和”方案，为首个“零碳消博会”贡献大唐蓝碳方案。

小海红树林蓝碳项目具有良好的示范效益：一是落实海南省政府《贯彻习近平总书记考察海南重要讲话精神 推进“两山”转化路径先行先试工作方案》精神的重要实践，拓宽绿水青山向金山银山的转化路径，有助于通过绿色发展更好保护生产力、发展生产力，推动高质量发展、创造高品质生活，推动生态产业化和产业生态化，奠定促进共同富裕的坚实基础，拓宽促进共同富裕的实现路径，共同为全面建设社会主义现代化国家提供有力支撑。二是项目实施可以有效地保护典型的滨海红树林湿地生态系统，扩大红树林面积，保护众多珍稀水鸟的栖息地，在保护物种多样性、遗传多样性和生态多样性，以及改善生态环境、防风消浪、调节气候、净化水质、保护海岸线等方面具有显著的生态效益。三是促进我国的红树林生态修复从早期极少数农民的自发行动发展到政府、科研单位、非政府组织的有组织行为。社会资金和公众参与在推动红树林的保护和修复方面的作用正在凸显，通过生态补偿金、机构参与等形式开展红树林的保护修复工作，将极大提高政府及社会公众对红树林保护和修复的重视和参与意识，对于万宁市乃至海南省未来的红树林保护意义重大。四是项目的建设将给保护区及周边社区带来一定的经济效益和社会效益。项目的建设将进一步提升保护区的旅游条件，游客的数量将会得到稳步提升，同时也带动了周边社区多种经营收入的持续增长，将蓝色碳汇资源优势转化为经济优势，助力万宁地方经济发展。

## 三、经验启示

### 1. 主动出击，积极谋划，抢占蓝碳高地

大唐海南公司抓住时机，积极参与国际碳排放权交易中心建设。2022年2月7日，经海南省政府同意，海南省金融局正式下发《关于设立海南国际碳排放权交易中心有限公司的批复》。2022年7月25日，海碳中心完成公司注册，大唐集团为海碳中心最大股东。目前，海碳中心成为我国企业跨境碳交易的新平台，不仅有利于在碳交易领域保障国家数据安全，更重要的是制定符合我国产业特点的跨境交易规则体系，与各类国际组织开展合作，广泛引入国内外碳减排品种，打造丰富的产品线，快速形成市场规模，争取国际定价权，抢占蓝碳高地。

### 2. 多方协作，形成合力，打造蓝碳标准

大唐海南公司统筹协调“双碳”各方，通过蓝碳产品的市场化交易，推动海南的蓝碳方法学成为国际公认标准，并纳入国际海洋治理体系，打造蓝碳标准，同时聚集大量的产业客户、投资机构、金融机构、国际组织，形成丰富的低碳产业生态圈，融合各类碳金融产品，打造有力的资本市场基础支撑平台，服务国家绿色低碳发展战略。

### 3. 总结经验，推广复制，做大蓝碳市场

大唐海南公司积极总结已有成功案例经验，积极融入海南碳普惠机制，积

极倡导优先采购碳中和物资，依托海碳中心组织开展碳排放核算、碳减排、碳抵消和信息披露，引领形成绿色生活生产新风尚。围绕森林保护和经营、红树林修复等碳汇项目、农光互补等减排项目开展碳资产开发工作，通过参与项目评估、项目设计、项目审定、项目备案、项目实施、项目监测、减排量核证及其备案签发等，进一步做大碳资产市场，同时也为各市县生态保护和能源结构绿色转型提供新动力。

4. 立足海南、面向全球，打造一流“双碳”方案供应商

利用海南自贸港制度优势，为全国碳市场引入国际客户和国际资金，打造碳市场“沪港通”模式，成为连接国际、国内碳市场的中转站。通过构建专业高效的创新服务和联通国际的交易生态体系，服务于各类碳产品方法学研发的赋能发展和成果转化及应用，打造一流“双碳”方案供应商。

第三部分

# 促进全国碳市场发展的建议

# 6 相关建议

## 6.1 建立适应新型电力系统的全国碳市场配额分配长效机制

在落实“双碳”目标、构建新型电力系统的过程中，煤电既承担着电力安全稳定供应的兜底保障作用，又承担经济的系统灵活调节的主体作用，煤电功能定位已发生深刻变化。与此同时，煤价持续高企、成本疏导机制不完善，再加上设备受损、寿命损耗、燃烧恶化及运行操作风险等诸多潜在安全隐患，煤电机组经营压力持续加大。

考虑煤电企业在新型电力系统中的作用和实际经营困难。一方面，建议将第三个履约周期全国碳市场（发电行业）整体配额缺口率控制在1%以内，以减少企业负担；另一方面，建议设置“基于火电机组保供与调节能力并重的履约豁免机制”，即燃煤机组在一定利用小时及以内的配额量等于该机组实际经核查排放量（履约豁免），以外的配额按照当前配额分配方法核发，更好地推进全国碳市场与新型电力系统建设相结合。

## 6.2 以价格、信息协同为重点，推进碳市场与电力市场协同发展

碳—电市场的有效衔接应建立在碳价向电价有效传导机制的基础上。核定或调整煤电基准价既要及时联动燃料价格变化，也要综合考虑碳减排、污染治理等必要投入，体现煤电企业承担全社会低碳减排的效用。系统评估碳减排成本，进一步明确碳定价内涵，形成适合我国节能降碳实际的碳价形成机制。畅通碳—电市场价格传导链条，促进碳成本在全社会合理分摊和有效疏导，引导全社会低成本节能降碳。同时，电力作为基础性和公用性产业，还要考虑民生和经济等因素，避免碳成本过度推升电价影响终端用户。在逐步建立碳价和电价传导机制的同时，可以考虑适当建立采取税收减免、资金技术支持等配套补偿机制。

加强两个市场的相关数据信息联通，特别是CCER与绿电的信息联通，避免环境效益重复计算。充分利用信息化技术手段，如区块链、大数据等技术，加强不同市场交易数据的共享，加强绿电和CCER等系统的信息流互通，为项目发电量、减排量核证提供准确的数据凭证，对电力绿色价值的形成、流转进行全过程跟踪，避免重复计算，厘清环境价值所有权的流转路径。同时，加强碳排放监测和碳核查体系建设，围绕发电、输电、配电、用电、储能、调度、交易、监管等各环节，制定电力市场与碳市场的共享数据和交互接口规范，实现碳市场与电力市场的信息共享、协调联动。

## 6.3 优化发电行业参与全国碳市场的监测、报告与核查机制

一方面，加快研究符合电力行业实际的缺省值核算法，选择有利于规范行为、提高效率、降低成本的碳排放数据获取方式。另一方面，鉴于在线连续监测系统（CEMS）在燃煤电厂长期普遍使用，且在烟气二氧化硫、氮氧化

物、烟尘监测中积累了大量经验，已作为固定源环境执法的依据。建议依据电力行业标准《火电厂烟气二氧化碳排放连续监测技术规范》（DL/T 2376—2021），鼓励企业选择在线连续监测获取二氧化碳排放数据。同时，结合电力行业生产管理实际流程，调整核算核查制度，避免额外增加企业生产数据管理成本。

## 6.4 重视并参与温室气体自愿减排相关工作

2023年，政府主管部门发布《温室气体自愿减排交易管理办法（试行）》《温室气体自愿减排项目审定与减排量核查实施规则》等政策，以及首批造林碳汇、并网光热发电、并网海上风力发电、红树林营造4项项目方法学，搭建完成了全国统一的注册登记和交易系统，标志着CCER已正式重启。CCER交易有利于鼓励更广泛的行业、企业参与温室气体减排行动，并在全国或地方碳市场中以相对较低的成本抵扣一定比例的碳配额。建议控排企业重视合适的CCER项目开发，严格把握关键性技术要求，即碳减排项目应具备“额外性”“唯一性”“可监测、可报告、可核查”；积极参与CCER方法学申报，推动有利于降碳增汇、避免或减少温室气体排放、实现温室气体的清除等的项目方法学编制，加快丰富和完善温室气体自愿减排项目方法学体系。

## 6.5 加强行业协会开展碳市场行为自律

通过加强行业自律促进碳排放管理提升。中电联作为行业协会，在促进行业企业参与碳市场领域搭建了沟通交流平台，如中电联碳交易工作组、电力行业低碳发展研究中心等，有利于行业协会组织企业开展碳排放数据自查和互查，加强交叉检验，预判数据风险，提早发现问题，通过制定行业规范，推动问题解决，切实提升数据质量。建议设置仲裁申诉机构，解决碳排放交易中存在的纠纷。碳排放管理员新职业已纳入职业分类大典，应加快推进碳排放管理员人才培养体系建设，建立健全职业能力评价机制，提升从业人员技术水平和管理能力。

## 6.6 多措并举推动发电企业参与碳市场能力水平

**持续加强MRV能力建设。**积极构建企业内部分工明确、权责清晰、协调配合的碳排放MRV制度，严格制订碳排放监测计划；构建电力企业碳排放数据直接报送电子信息系统和数据库，降低企业MRV管理成本；推进企业CNAS认可工作，提升碳数据质量；建立预核查机制，加强人员应对核查能力，保证各项数据的一致性，提前处理核查过程中可能存在的问题。

**深入研究碳交易机制及策略。**分析研判供需情况及价格走势，充分把握市场周期，选择有利交易时机；充分利用减排量抵消政策，有序使用减排量，降低履约成本；严格进行风险防控，坚持规范操作、严格管控、避免投机；运用多种减排政策工具，积极开发CCER资源，积极探索相关金融工具和衍生品开发。

**积极有效推进技术减碳。**大力推进风电光伏以及清洁能源发展，优化电力结构；大力发展清洁煤发电技术，包括热电冷三联供技术、整体煤气化联合循环技术、高效率煤炭发电技术、超临界、超超临界大型高效燃煤机组等，提高燃煤发电机组效率；在碳捕集、利用与封存（CCUS）的技术研发、标准和融资等方面积极部署。

# 附件1 2022年以来电力行业节能环保低碳重要政策列表

| 序号 | 文件名称 | 发布单位 | 文号 |
|---|---|---|---|
| 1 | 关于印发《绿色低碳先进技术示范工程实施方案》的通知 | 国家发展改革委等部门 | 发改环资〔2023〕1093号 |
| 2 | 国家发展改革委等部门关于促进退役风电、光伏设备循环利用的指导意见 | 国家发展改革委等部门 | 发改环资〔2023〕1030号 |
| 3 | 国家发展改革委 财政部 国家能源局关于做好可再生能源绿色电力证书全覆盖工作促进可再生能源电力消费的通知 | 国家发展改革委<br>财政部<br>国家能源局 | 发改能源〔2023〕1044号 |
| 4 | 国家发展改革委、市场监管总局关于进一步加强节能标准更新升级和应用实施的通知 | 国家发展改革委、市场监管总局 | 发改环资规〔2023〕269号 |
| 5 | 国家发展改革委等部门关于统筹节能降碳和回收利用 加快重点领域产品设备更新改造的指导意见 | 国家发展改革委等九部门 | 发改环资〔2023〕178号 |
| 6 | 关于进一步做好原料用能不纳入能源消费总量控制有关工作的通知 | 国家发展改革委<br>国家统计局 | 发改环资〔2022〕803号 |
| 7 | 国家发展改革委 国家统计局 国家能源局关于进一步做好新增可再生能源消费不纳入能源消费总量控制有关工作的通知 | 国家发展改革委<br>国家统计局<br>国家能源局 | 发改运行〔2022〕1258号 |
| 8 | 关于印发"十四五"可再生能源发展规划的通知 | 国家发展改革委<br>国家能源局等 | 发改能源〔2021〕1445号 |
| 9 | 国家发展改革委 国家统计局 生态环境部印发《关于加快建立统一规范的碳排放统计核算体系实施方案》的通知 | 国家发展改革委<br>国家统计局<br>生态环境部 | 发改环资〔2022〕622号 |
| 10 | 国家发展改革委 国家能源局关于完善能源绿色低碳转型体制机制和政策措施的意见 | 国家发展改革委<br>国家能源局 | 发改能源〔2022〕206号 |
| 11 | 国家发展改革委 国家能源局关于印发《"十四五"现代能源体系规划》的通知 | 国家发展改革委<br>国家能源局 | 发改能源〔2022〕210号 |
| 12 | 国务院办公厅转发国家发展改革委国家能源局关于促进新时代新能源高质量发展实施方案的通知 | 国家发展改革委<br>国家能源局 | 国办函〔2022〕39号 |

续表

| 序号 | 文件名称 | 发布单位 | 文号 |
| --- | --- | --- | --- |
| 13 | 关于2023年可再生能源电力消纳责任权重及有关事项的通知 | 国家发展改革委办公厅<br>国家能源局综合司 | 发改办能源［2023］569号 |
| 14 | 关于进一步优化环境影响评价工作的意见 | 生态环境部 | 环环评［2023］52号 |
| 15 | 排污许可证质量核查技术规范 | 生态环境部 | 公告 2023年第22号 |
| 16 | 关于做好2021、2022年度全国碳排放权交易配额分配相关工作的通知 | 生态环境部 | 国环规气候［2023］1号 |
| 17 | 关于发布《生态环境领域行政许可事项实施规范》的公告 | 生态环境部 | 公告 2023年第7号 |
| 18 | 生态环境统计管理办法 | 生态环境部 | 部令 第29号 |
| 19 | 关于印发《生态保护红线生态环境监督办法（试行）》的通知 | 生态环境部 | 国环规生态［2022］2号 |
| 20 | 关于印发《减污降碳协同增效实施方案》的通知 | 生态环境部<br>国家发展和改革委员会<br>工业和信息化部<br>住房和城乡建设部<br>交通运输部<br>农业农村部<br>国家能源局 | 环综合［2022］42号 |
| 21 | 关于印发《“十四五”环境影响评价与排污许可工作实施方案》的通知 | 生态环境部 | 环环评［2022］26号 |
| 22 | 关于印发《关于加强排污许可执法监管的指导意见》的通知 | 生态环境部 | 环执法［2022］23号 |
| 23 | 关于印发《“十四五”生态保护监管规划》的通知 | 生态环境部 | 环生态［2022］15号 |
| 24 | 关于印发《企业环境信息依法披露格式准则》的通知 | 生态环境部 | 环办综合［2021］32号 |
| 25 | 关于全国碳排放权交易市场2021、2022年度碳排放配额清缴相关工作的通知 | 生态环境部办公厅 | 环办气候函［2023］237号 |
| 26 | 关于做好2023—2025年发电行业企业温室气体排放报告管理有关工作的通知 | 生态环境部办公厅 | 环办气候函［2023］43号 |
| 27 | 关于印发《国家清洁生产先进技术目录（2022）》的通知 | 生态环境部办公厅<br>发展改革委办公厅<br>工业和信息化部办公厅 | 环办科财函［2023］11号 |

续表

| 序号 | 文件名称 | 发布单位 | 文号 |
| --- | --- | --- | --- |
| 28 | 关于印发《企业温室气体排放核算与报告指南　发电设施》《企业温室气体排放核查技术指南　发电设施》的通知 | 生态环境部办公厅 | 环办气候函［2022］485号 |
| 29 | 关于印发钢铁/焦化、现代煤化工、石化、火电四个行业建设项目环境影响评价文件审批原则的通知 | 生态环境部办公厅 | 环办环评［2022］31号 |
| 30 | 关于进一步推进危险废物环境管理信息化有关工作的通知 | 生态环境部办公厅 | 环办固体函［2022］230号 |
| 31 | 关于高效统筹疫情防控和经济社会发展调整2022年企业温室气体排放报告管理相关重点工作任务的通知 | 生态环境部办公厅 | 环办气候函［2022］229号 |
| 32 | 关于做好2022年企业温室气体排放报告管理相关重点工作的通知 | 生态环境部办公厅 | 环办气候函［2022］111号 |
| 33 | 关于做好全国碳市场第一个履约周期后续相关工作的通知 | 生态环境部办公厅 | 环办便函［2022］58号 |
| 34 | 工业和信息化部　财政部　商业部　国务院国有资产监督管理委员会　国家市场监督总局加快电力装备绿色低碳创新发展行动计划的通知 | 工业和信息化部等五部门联合 | 工信部联重装［2022］105号 |
| 35 | 工业和信息化部　国家发展改革委　生态环境部关于印发工业领域碳达峰实施方案的通知 | 工业和信息化部<br>国家发展改革委<br>生态环境部 | 工信部联节［2022］88号 |
| 36 | 关于印发《财政支持做好碳达峰碳中和工作的意见》的通知 | 财政部 | 财资环［2022］53号 |
| 37 | 自然资源部　生态环境部　国家林业和草原局关于加强生态保护红线管理的通知（试行） | 自然资源部<br>生态环境部<br>国家林业和草原局 | 自然资发［2022］142号 |
| 38 | 国家能源局关于印发《能源碳达峰碳中和标准化提升行动计划》的通知 | 国家能源局 | |
| 39 | 国家能源局关于印发《2022年能源工作指导意见》的通知 | 国家能源局 | 国能发规划［2022］31号 |
| 40 | 国家能源局关于印发《电力行业危险化学品安全风险集中治理实施方案》的通知 | 国家能源局 | 国能发安全［2022］21号 |
| 41 | 关于完整准确全面贯彻新发展理念　为积极稳妥推进碳达峰碳中和提供司法服务的意见 | 最高人民法院 | 法发［2023］5号 |

续表

| 序号 | 文件名称 | 发布单位 | 文号 |
| --- | --- | --- | --- |
| 42 | 国家标准委等十一部门关于印发《碳达峰碳中和标准体系建设指南》的通知 | 国家标准委<br>国家发展改革委<br>工业和信息化部<br>自然资源部<br>生态环境部<br>住房和城乡建设部<br>交通运输部<br>中国人民银行<br>中国气象局<br>国家能源局<br>国家林草局 | 国标委联［2023］19号 |
| 43 | 关于印发建立健全碳达峰碳中和标准计量体系实施方案的通知 | 市场监管总局<br>国家发展改革委<br>工业和信息化部<br>自然资源部<br>生态环境部<br>住房城乡建设部<br>交通运输部<br>中国气象局<br>国家林草局 | 国市监计量发［2022］92号 |

# 附件2　2022年电力行业基本数据一览表

| 指标 | 单位 | 2022年 |
| --- | --- | --- |
| **发电装机容量** | **万千瓦** | **256 794** |
| 水电 | 万千瓦 | 41 406 |
| 其中：抽水蓄能 | 万千瓦 | 4 579 |
| 火电 | 万千瓦 | 133 329 |
| 其中：燃煤 | 万千瓦 | 112 434 |
| 燃气 | 万千瓦 | 11 565 |
| 核电 | 万千瓦 | 5 553 |
| 风电 | 万千瓦 | 36 564 |
| 太阳能发电 | 万千瓦 | 39 268 |
| **发电量** | **亿千瓦·时** | **88 487** |
| 水电 | 亿千瓦·时 | 13 522 |
| 火电 | 亿千瓦·时 | 58 888 |
| 核电 | 亿千瓦·时 | 4 178 |
| 风电 | 亿千瓦·时 | 7 627 |
| 太阳能发电 | 亿千瓦·时 | 4 273 |
| **非化石能源发电装机占比** | **%** | **49.7** |
| **基建新增发电装机容量** | **万千瓦** | **19 974** |
| 水电 | 万千瓦 | 2 387 |
| 火电 | 万千瓦 | 4 471 |
| 核电 | 万千瓦 | 228 |
| 风电 | 万千瓦 | 3 763 |

续表

| 指标 | 单位 | 2022年 |
| --- | --- | --- |
| 太阳能发电 | 万千瓦 | 8 741 |
| **新增220千伏及以上输电线路长度** | **千米** | **38 967** |
| **新增220千伏及以上变电设备容量** | **万千伏安** | **25 839** |
| **电力工程建设投资完成** | **亿元** | **12 220** |
| 其中：电源工程建设投资完成 | 亿元 | 7 208 |
| 其中:水电 | 亿元 | 863 |
| 火电 | 亿元 | 909 |
| 核电 | 亿元 | 677 |
| 其中：电网工程建设投资完成 | 亿元 | 5 012 |
| **已投运电力储能项目累计装机规模**[1] | **万千瓦** | **5 449** |
| 其中：新型储能累计装机规模 | 万千瓦 | 870 |
| **绿电交易电量**[2] | **亿千瓦·时** | **190.5** |
| **全国人均用电量** | **千瓦·时/人** | **6 116** |
| **全社会用电量** | **亿千瓦·时** | **86 369** |
| A.全行业用电合计 | 亿千瓦·时 | 73 000 |
| 第一产业 | 亿千瓦·时 | 1 147 |
| 第二产业 | 亿千瓦·时 | 56 991 |
| 其中：工业 | 亿千瓦·时 | 55 991 |
| 第三产业 | 亿千瓦·时 | 14 862 |
| B.城乡居民生活用电合计 | 亿千瓦·时 | 13 369 |
| 城镇居民 | 亿千瓦·时 | 7 360 |

1 数据来源于国家能源局。

2 绿电交易电量为电力交易中心结算口径。

续表

| 指标 | 单位 | 2022年 |
|---|---|---|
| 乡村居民 | 亿千瓦·时 | 6 009 |
| **6 000千瓦及以上电厂发电设备利用小时** | **小时** | **3 687** |
| 水电 | 小时 | 3 412 |
| 火电 | 小时 | 4 379 |
| **供电煤耗** | **克/（千瓦·时）** | **300.7** |
| 6 000千瓦及以上电厂供电标准煤耗 | 克/（千瓦·时） | 301.5 |
| **线损率** | **%** | **4.82** |
| **单位火电发电量烟尘排放量** | **毫克/（千瓦·时）** | **17** |
| **单位火电发电量二氧化硫排放量** | **毫克/（千瓦·时）** | **83** |
| **单位火电发电量氮氧化物排放量** | **毫克/（千瓦·时）** | **133** |
| **单位火电发电量废水排放量** | **克/（千瓦·时）** | **50** |
| **单位火电发电量二氧化碳排放量** | **克/（千瓦·时）** | **824** |
| **单位发电量二氧化碳排放量** | **克/（千瓦·时）** | **541** |